한 농민의 삶과 죽음

생명과 평화의 일꾼
백남기 농민 추모집

한 농민의 삶과 ── 죽음

(사) 생명평화일꾼
백남기농민기념사업회 엮음

오월의봄

추모집 발간에 부쳐

김영호
(사)생명평화일꾼 백남기농민기념사업회 이사장

보성 부춘마을에 올해도 어김없이 우리밀 씨앗이 뿌려졌습니다. 가을걷이가 끝나 을씨년스런 농촌도 밀과 보리싹이 돋아나고 푸른 새싹의 덕석이 깔리면 삭막한 분위기도 그나마 달라지는 것을 느낄 수 있습니다. 모든 나무가 나목이 되어 앙상할 때 소나무가 독야청청하듯, 생명활동이 정지되어버린 들판에서 이 추위와 동토에도 '나 살아 있소' 외치는 밀의 생명은 가히 신비롭습니다. 이것은 마치 힘든 조건에서도 오뚝이처럼 살아가는 우리 농촌을 닮았겠지요. 또 그 모습을 더 닮은 농민들이 있고 백남기 형님이 당당하게 서 있습니다.

백남기 농민이 가신 지 벌써 5년이 되었습니다. 참으로 긴 시간이 흘렀지만 그 당시를 되돌아봅니다. 2015년 11월 14일 종로1가는 박근혜 정권과 농민 간에 물러설 수 없는 전선이 만들어졌습니다. 교착상태에 빠진 전선은 전쟁터를 방불케 했습니다. 120년 전 전봉준 장군이 효수를 당한 그 자리에 한 노인이 쓰러졌습니다. 더는 물러설 곳이 없는 250만 농민이 쓰러진 것입니다. 그러나 전국의 농민들과 뜻있는 시민들은 천막농성, 기자회견, 지하철 선전전, 전국순례, 항의 시위 등 '내가 백남기다'는 마음 하나로 꼬박 1년을 넘게 싸웠습니다. 마침내 민중의 불대포는 박근혜 정권을 무너뜨렸습니다. "군자주야 서인자수야君者舟也 庶人者水也, 수즉재주 수

즉복주水則載舟 水則覆舟", 즉 "기득권을 가진 자가 배라면 인민들은 물이니 물은 배를 두둥실 띄워주기도 하지만 물은 배를 뒤집어 엎어버리기도 한다"는 고사성어가 2016~2017년 사이 우리 사회에서는 현실이 되었습니다.

저는 당시를 회상해보면 들불을 놓는 심정으로 하루하루를 살았던 것으로 기억합니다. 무도한 박근혜 권력과 함께 하루하루를 살아간다는 것을 역사는 용납하지 않는 것 같았습니다. 반민주, 반평화, 반통일 정권을 권좌에서 끌어내리는 길은 민중의 큰 결단과 결의를 요구했습니다. 그것은 힘들고도 어려운 길이었습니다.

박근혜 권력에 맞선 제대로 된 투쟁을 조직하는 것이 쉬운 일은 아니었습니다. 당시 2015년은 전태일 열사 분신 50년, 민주노총 창립 20년, 전국농민회총연맹 창립 25년이 되는 뜻깊은 해였습니다. 민중의 삶을 해방시키고자 하는 기층 민중 조직이 이러한 해를 기념하고 축하할 것이 아니라 투쟁으로 박근혜 정권의 폭정을 돌파하자고 결의한 것입니다. 박근혜 정권의 성격은 반민중, 빈평화, 반통일, 부정의, 친미, 친일, 반북, 구태, 수구, 무능, 비리, 적폐 등 국어사전에 나오는 부정적 용어를 다 빌려다 써도 모자랄 정도였습니다. 박근혜 정권과 민중 진영의 전선을 만들기 위한 단초가 마련되었다고 해서 권력이 무너지는 것은 아니었습니다. 그때 백남기 농민의 사망과 부검 정국의 도래는 박근혜 정권과는 더 이상 같은 하늘을 이고 살 수 없는 처지에 이르렀고 마침내 민중의 항쟁과 촛불혁명이 만들어진 것입니다.

한 알의 밀이 수백수천의 씨앗을 남기고, 한 점의 불씨가 광야를 태우듯 그렇게 백남기 농민이 뿌린 민주주의의 소중한 씨앗은 전 세계에서도 부러워하고 연구하는 촛불혁명이 되었습니다. 그러나 혁명의 완성은 아직 멀었습니다. 동토의 땅을 뚫고 나오는 밀알이 꽃이 피고 열매가 맺기까지는 물과 빛과 바람의 노력이 필요합니다. 우리는 아직 더 긴 시간의 노동이 필요합니다. 백남기 농민이 바라던 농민세상과 대동세상의 열매는 아직 맺지 못하고 있습니다. 그 길을 망월 언덕에서 재촉하고 계십니다. 우리 모두 다시 자세를 가다듬어야 할 때입니다.

끝으로 추모집 발간에 애쓰신 관계자 여러분들의 노고에 감사드립니다. 이 책이 두루 읽혀 세상을 평범하게 사셨되 시대의 등불로 늘 세상을 일깨웠던 백남기 농민의 생명평화 정신이 널리 퍼져나가리라 믿습니다. 감사합니다.

차례

3장. 백남기는 우리에게

부록: 백남기의 의미

아버지 사랑합니다,
존경합니다

백민주화

"온 세상을 다 줘도 바꿀 수 없는 내 막내딸래미 민주화야"

아버지가 지어주신 제 이름은 민주화 석 자지만 평생을 이렇게 긴 수식어와 함께 불러주셨어요. 특히 먼 고국의 고향에 계시는 아버지께 전화를 드리면 아버지는 항상 이렇게 불러주셨습니다. 언제 들어도 기분 좋았고, 그렇게 불리는 게 당연하다고 여기는 철이 덜 든 딸이었습니다. 이 철없는 딸이 타국에서 살겠다고 선언했을 때 얼마나 걱정이 되셨을까요. 자식이 하는 어떤 결정에도 반대와 간섭을 하지 않는 아버지의 철칙이 있었기에 전 그 단단한 지지에 대한 믿음 하나로 지금까지 외국에서 잘 지내고 있는 것 같습니다. 더 이상 바위처럼 단단한 아빠는 곁에 계시지 않지만 나의 말과 철학 그리고 세상을 바라보는 눈에 항상 함께하고 계시리라 생각해요. 이렇게 강한 척 지내고 있지만 사무치게 그리운 날엔 어김없이 눈물을 펑펑 쏟아내는데 이 글을 쓰고 있는 오늘이 그날인 것 같습니다. 여전히 많이 아프고 많이 그립습니다.

2015년 11월 14일. 네덜란드에는 전국적으로 큰 축제가 열리는 날이었습니다. 두통이 있어 아이와 남편을 보내고 혼자 집에서 쉬고 있는 중에 다급한 언니의 전화를 받았고, 같은 해 여름 아빠와 많은 추억을 만들고 온 우리 부부와 지오는 한국에 도착하자마자 중환자실로 뛰어가면서도 그 사실을 믿지 못했습니다.

태어나서 처음 보는 카메라 세례와 기자들의 인터뷰 요청 등에 정신을 차릴 수가 없었고 현실을 자각하고 제가 처음으로 질문했던 건 "우리 가족 네 명이 경찰을 상대로, 정부를 상대로 싸울 수 있어?"라는 말이었습니다. 당연히 받을 줄 알았던 사과인데 어느 순간 우리 가족이 사과를 받아내기 위해 시위하고 싸워야 하는 상황이 되었던 것입니다. 일생에 한 번도 겪기 힘든 수많은 좌절과 절망 사이에 놓인 저희 가족들은 말 그대로 눈앞이 깜깜했습니다.

"우리가 백남기다!"

피켓으로 시작한 이 문구는 대학로에 목소리로 울려 퍼졌고 점차 광화문까지 이어졌습니다. 시작조차 불가능한 싸움이라고 생각했는데 하나하나가 모인 연대의 힘은 그 무엇보다 따뜻하고 강력했습니다. 우리 가족은 혼자가 아니었고 수많은 시민이 백남기가 되어주었습니다.

병원 앞 천막 농성장을 지켜주시고 방문해주신 분들, 장례식장에서 뜬눈으로 경찰과 대치하던 수많은 분들을 떠올리면 지금도 울컥합니다. 그 어떤 표현으로도 저희의 감사함을 표현할 수 없습니다. 그 시절을 버티게 해주신 힘, 지금이 순간까지 잘 이겨낼 수 있게 도와주신 힘이라고 언제나 말합니다.

그중 아버지와 특별한 인연이 있으셨던 분들의 글들이 모였습니다. 이들 중에는 제가 두세 살 때부터 삼촌이라고 불렀던 아빠의 농민운동 동지들도 있고, 아빠의 학창 시절 동창들도 계십니다. 그리고 신부님과 수녀님, 우리 가족에게 전문적인 자문을 해주셨던 인의협 의사 선생님과 민변 변호사님도 계십니다. 아버지를 기억하는 따뜻하고 정성스러운 글들을 읽다 보니 저 또한 중환자실과 장례식장을 지키면서 만났던 인연들이 떠오릅니다. 백남기 대책위, 매일 미사를 이끌어주신 전국 각지에서 오신 신부님 수녀님, 미사에 조용히 참석하셔서 손 꼭 잡아주고 가시던 어르신들, 저희를 뉴스에서 보고 찾아와 눈물짓던 20대 초반의 대학생들, 멀리 제주도에서 병원, 장례식장까지 찾아주셨던 아주머니······

아버지는 강직하지만 무한한 따뜻함을 가지신 분이셨습니다. 이 책에 글을 쓰신 분들께서도, 당시 저희가 만났던 모든 인연들도 사실 아버지와 많이 닮으신 분들이 아닌가 싶습니다. 그래서 그 길고 힘든 시간 동안 저희와 함께 싸워주실 수 있었던 게 아닌가 하는 생각이 듭니다.

아버지를 떠나보낸 지 벌써 5년이 흘렀습니다. 아버지를 잊지 않고 기억해주신 많은 분들과 이번 5주년을 추모하는 글을 써주신 필자분들, 그리고 (사)백남기농민기념사업회 이사장님을 비롯한 모든 후원회원 여러분께 감사하다는 말씀 전합니다. 늘 건강하시기 바랍니다.

청년 백남기

미안함만 남은 추억

장휘국

2015년 11월 14일, 내게는 잊을 수 없는 큰일이 겹쳐서 일어난 날이다. 그날은 박근혜 정권의 정책에 반대하는 민중대회가 열리는 날이었고, 나는 서울 교육감과 업무협의를 하기 위해 서울로 출장 가는 날이었다.

기차 속에서 눈을 감고 상념에 빠진 내게 휴대전화 진동음이 울렸다. 웬만하면 전화하지 않는 아내였다. 조심스럽지만 다소 짜증 섞인 음성으로 전화를 받았다.

"여보……"

아내는 훌쩍이면서 말을 잇지 못했다. 심상치 않음을 느끼고 바짝 긴장해서 물었다.

"여보, 왜 그래요? 무슨 일이요?"

"어머님이 돌아가셨대요. 지금 바로 의정부로 가야겠어요. 당신도 그리 오세요."

아흔셋 장모님의 건강이 늘 걱정이었는데 그날이 온 것이었다. 나를 많이 아껴주던 장모님이시기에 마음이 복받쳐 올랐고 나도 모르게 눈물을 흘렸다. 잠시 생각하다가 일단 서울교육청에 들렀다 가기로 했다. 서울 거리는 온통 긴장감으로 넘쳤다. 전국에서 모인 노동자, 농민, 시민단체들, 깃발과 사람들로 북적거렸다. 서울을 뒤로하고 의정부 장례식장으로 갔다. 장례 절차를 거치면서도 시국에 대한 관심은 어쩔 수 없어서 TV 뉴스에 눈이 갔다. 저녁 뉴스 시간에 '백남기'라는 이름이 떴다. '농민회원 백남기'가 경찰이 쏜 물대포에 쓰러져 위독하다는 소식이었다. 내 눈을 의심했다. 보성에서 농민운동을 이끌던 그 백남기였다. 순간 미안함과 아쉬움이 물밀듯 밀려왔다.

고등학교 때, 다정다감하던 선배이면서 친구였던 그 백남기.

고교 1학년 첫 시간, 선생님께서 자기소개를 시키셨다. 키 순서로 출석번호 1번인 나부터 시작했다.

"저는 1번 장휘국입니다. 충청북도 단양에서 태어났고,

광주에 삽니다. 서중학교를 졸업했습니다. 앞으로 잘 부탁드립니다."

선생님께서 "이 사람아, 서중학교는 진도에도 있고, 영암에도 있고, 여수에도 있는데 어디 서중학교라고 해야지. 어디 서중학교야?" 하고 말했다.

순간 다른 아이들이 웃었다. 나는 당황해서 어물거리다가, "네, 광주서중학교입니다" 하고 말했다.

"그래, 그렇게 해야지. 다른 사람들도 그렇게 해라."

한참 뒤에 또 광주서중학교를 졸업했다는 사람이 있어서 유심히 보았다. 백남기였다. 그런데 아무리 기억을 떠올려도 생각나지 않았다. 며칠 뒤 점심시간에 백남기가 내게 다가와서 다정하게 말했다.

"너 광주서중 졸업했지? 나를 모를 거야. 나는 중학교 졸업하고 재수한 네 선배야. 앞으로 잘 지내자."

같은 반 친구, 동급생인데 선배라고 하니 순간 조금 당황했지만 든든하고 마음이 따뜻해졌다. 잘 아는 친구 하나 없는 외톨이라 생각했는데 중학교 선배라는 동급생이 있으니 든든해진 것이다.

그때 우리는 일주일에 유도를 한 시간씩 했다. 체육 시간 한 시간을 유도 시간으로 배정한 것이다. 그는 유도를 잘했다. 첫 시간부터 시범을 보이는 시범조로서 다들 선망의 눈으로 바라보았다. 어느 날 그는 유도 시간에 내게 다가와서 손을 잡고 이끌면서 기술을 가르쳐주겠다고 했다.

"유도는 자기 힘보다는 상대방 힘을 이용하는 기술이 많은 운동이야. 키가 작고 힘이 약하다고 주눅 들지 말고 상대방 힘을 이용해서 쓰러뜨리면 다들 함부로 하지 않을 거야. 앞으로 내가 자주 잡아줄게. 나하고 가깝게 지내자."

그는 상대방의 힘을 이용하기 위한 밀고 당기기를 잘했다. 내게 상대방의 힘이 쏠리는 순간 잽싸게 기술을 거는 방법을 가르쳐주기도 했고, 기술을 연습시키면서 일부러 넘어져주기도 했다. 그는 고교 2학년 때 유도 2단을 땄고, 학교 대표선수로 전국대회에도 나가는 등 눈부시게 활약했다.

2학년 때 나는 학교 매점에서 아침에는 학용품을, 점심 시간에는 빵을 파는 점원으로 일하면서 학비를 면제받았다. 일종의 근로장학생인 셈이었다. 어느 날 점심시간이 끝나갈 즈음에 백남기가 왔다. 빵 네 개를 사더니 두 개는 나를 주면서 먹으라는 것이었다. 안 받겠다고 했더니, "내가 주고 싶어서 주는 거야. 다른 생각 말고 그냥 먹어".

점심도 먹지 못하고 바쁘게 일할 때였다. 어떻게 그걸

알았을까? 그저 고마웠다.

내가 전교조(전국교직원노동조합) 활동으로 해직되었다가 복직해 광주공고에서 근무할 때(1997년), 내 옆자리는 광주고 동창인 오경영 선생의 자리였다. 어느 날 그가 내게 말했다.

"어이, 휘국 선생, 우리 언제 보성으로 놀러 가세. 보성 웅치에 가면 우리 동창 백남기라는 친구가 있는데, 그 사람이 자네처럼 정의감이 넘치는 농촌지도자네. 중앙대학교 총학생회 부회장도 하고, 박정희 정권 때 유신 반대투쟁으로 제적되고, 긴 수배 생활로 고생도 많이 했고, 복학했으나 5·17 때 투옥 고문도 당하고, 고향에서 밀 농사를 지으며 가톨릭농민회를 이끄는 활동을 하고 있다네. 나하고는 고2 때 같은 반이었고, 내가 보성농고에 근무할 때 그 사람 이야기를 많이 들어서 한번 갔는데, 그 사람은 못만나고 동네 사람들하고만 잠시 이야기 나누고 왔네. 거기를 꼭 한번 가세. 자네하고 이야기가 잘 통하고 할 이야기도 많을 걸세. 그 아들, 딸들도 아주 야무지고 똑똑하다고 소문이 났었네."

"아니, 백남기? 그 형과 나는 인연이 깊네. 1학년 때 같은 반이었고 중학교 선배네. 꼭 가보세."

그러나 그를 만나지 못하고 이렇게 슬프고 분한 소식을 듣게 되다니! 너무나 통탄하고 미안하며 후회막급이었다.

장모님 장례 동안 내내 마음이 아팠다. 장례를 마치고 내려오는 길에 서울대병원에 들렀다. 그는 여러 날 동안 혼수상태이며 언제 깨어날지 아무도 모르는 위중한 상태였다. '어쩌면 정권에서 일부러 질질 끄는 게 아닌가?' 의혹이 생길 무렵, 늦게야 찾아가는 마음이 무겁기만 했다. 병실 부근에는 가지도 못했고, 그의 부인만 만났다. 광주로 내려오는 내내 눈물이 나왔다. 정말 다정다감한 형이자 벗이었던 백남기. 오경영 친구로부터 그의 소식을 처음 전해 들었을 때의 반가움을 잊을 수 없다. 한번쯤 만날 수 있었건만, 왜 미루기만 하다가 잊어버렸을까? 오경영 친구가 한번 가보자고 했을 때, 왜 안 갔을까? 만났더라면 무슨 이야기를 했을까? 미안했고 후회막급이었다. 이제 그를 보내는 마음은 너무나 슬프고 분하고 통탄하지만 다시 볼 수 없는 것이다.

그는 경찰이 쏜 물대포를 맞고 쓰러져 317일 동안 병상에서 사경을 헤매다 숨을 거두었다. 박근혜 정권의 폭력으

로 숨진 것이었다. 그를 망월동 민족민주열사 묘역에 안치
하던 날, 나는 가족들을 볼 낯이 없었다. 가족들은 나와 그
의 인연을 몰랐음에도 그랬다.

'남기 형! 잘 가시오. 형과 깊은 이야기 한번 못하고 이
렇게 이별이군요. 내 길을 열심히 가느라고 그랬다고 말하
기에는 너무나 미안하네요. 남기 형! 잘 가시오!'

1980년 백남기 법대생과
'서울의 봄'

안정배

서울의 봄, 1980년 5월 14일 저녁, 서울역 앞에서는 복학생 백남기 선배가 준비한 상여가 불태워졌다. 35년 6개월 뒤 2015년 11월 14일 광화문~종로에 농민들의 상여가 등장했고, 백남기 농민이 국가폭력에 쓰러졌다.

1980년 봄 상여는 전두환 등 유신잔당 장례식 상여였고, 2015년 늦가을 상여는 유신독재자의 딸인 직선 대통령에게 대선공약인 쌀값 보장을 요구하는 농민들의 상여였다.

고 백남기 농민의 중앙대 후배인 필자는 2015년 11월 14일 백 농민이 물대포에 쓰러진 시각 서울시의회 건물 앞에 있었다. 그날 친구와 남산 산보를 끝내고 민중총궐기 상황을 보기 위해 덕수궁 앞에서 광화문 쪽으로 걸어가는데, 동아일보사 앞 광화문 로터리에서 집회 인파와 경찰버스 바리케이드가 대치하고 물대포가 난사되고 있었다.

지방에서 올라온 집회 단체 참석자들이 대절 버스가 있는 곳으로 대거 해산하고 있었다. 광화문 로터리 물대포 대치 현장을 빼곤 평화시위 후 평온한 해산 과정이었다.

백남기 농민이 의식불명이란 인터넷 뉴스를 본 것은 그날 밤이었다. 나는 지인들에게 급보를 전했고, 1980년 백남기 선배와 함께 "계엄 해제, 유신잔당 퇴진"에 나섰던 짧았던 '서울의 봄'으로 빨려 들어갔다.

나는 1980년 서울의 봄 때 백남기 선배와 함께 복학했다. 유신독재 시절에 민주화운동과 관련하여 제적·투옥되었다가 1980년 3월에 함께 복학한 중앙대 동문은 본인을 포함해 송기원(문예창작학과 68학번), 백남기(행정학과 68학번) 선배와 백상태(정외과 73학번), 경영준(도서관학과 73학번), 손원대(국문과 73학번) 등이었다.

백남기 선배는 광주고등학교를 졸업한 해인 1968년 3월 중앙대 법과대학 행정학과에 입학했다. 1947년생이니 고교를 늦게 졸업했다. 이 글을 쓰면서 백남기 농민 가족의

1980년 4월 당시 중앙대 약대 건물 앞에서 유신독재에 제적·투옥됐던 복교생들이 함께 찍은 유일한 사진. 뒷줄 오른쪽에서 두 번째 흰색 점퍼를 입으신 분이 백남기 학생이고 뒷줄 맨 왼쪽이 안정배, 뒷줄 맨 오른쪽이 백상태, 앉은 분 맨 오른쪽이 송기원 복학생이다.

도움으로 백 선배의 학적부를 살펴보았다. 학적부를 보면 백남기 선배는 1968년 1학년 1학기를 마친 후 등록을 안 하다가 1972년 9월 2일에 재입학했다. 그해, 10월 17일에 는 탱크로 국회를 불법 해산하고 자유민주주의를 말살한 유신쿠데타가 있었다. 백 선배의 병적 증명서를 살펴보면 그는 1969년 9월 29일에 입대해서 1972년 9월 1일 육군 병장으로 만기 제대했고, 전역 다음 날 중앙대 법대에 재

1975년 4월 9일 중앙대생 시위를 보도한 1975년 4월 10일 자 경향신문 7면. 이 사건으로 백남기 학생은 무기정학을 당했고, 그해 6월 천주교정의구현 전국학생총연맹 사건에 관련되어 1979년 10월 26일까지 수배·피신 생활을 했다.

입학했다. 1969년 1·21 북한 무장공비 청와대 기습 시도 사건 직후로 백 선배는 만 3년을 꼬박 보병 소총수로 군대 생활을 했다.

내가 대학 1학년이던 1973년 10월부터 1975년 봄까지 중앙대에서는 매 학기 유신독재를 규탄하고 자유민주주의 회복과 유신헌법 개정을 요구하는 교내외 시위가 있었다. 백남기 법대생은 유신 철폐 중앙대생 시위가 있을 때마다 연설을 했고, 1974년 가을 시위 후 교내 도서관에서 열린 시국 토론회에서 사회를 보는 등 유신독재 시절 자유민주주의 회복에 앞장섰다. 그런 그에게 중앙대 측은 대통령 긴급조치 7호가 선포된 다음 날인 1975년 4월 9일, 중앙대생 시위를 주도했다는 이유로 무기정학을 내렸다.

고려대 휴교 긴급조치 7호 선포 뉴스가 조간에 대서특필되었고, 이른바 인혁당 관련 8명이 사형 확정 판결을 받은 다음 날이었다. 그러한 공포 분위기 속에서 감행된 중앙대생의 4·9 시위는 노량진역 앞까지 진출하는 등 당시 유신독재 정권을 긴장케 했다. 이 시위로 김영철(사회사업과 73학번), 경영준 등이 제적되었고, 당시 신문 보도에 의하면 10명이 노량진경찰서에 연행되었다.

학교에서 쫓겨난 백남기 선배는 긴급조치 9호 발동 직후인 1975년 6월 천주교정의구현 전국학생총연맹 사건* 관련으로 수배되어 1979년 10·26 박정희 대통령 피살 때까지 피신 생활을 했다. 이 사건으로 장기간 수감 생활을 한 이명준 학생은 백 선배의 한 학번 아래 후배였지만 같은 연배였다. 이명준 동문은 학생운동을 함께했던 백남기 선배를 이렇게 회상했다.

"내가 1974년에 복학해서 백남기 동문 하숙집에서 세미나와 회의를 하곤 했는데, 가보면 늘 방을 깨끗이 치워놓고 있었지요. 조용하고 깔끔한 성품이었어요."

긴급조치 9호로 수배당한 백 선배는 명동성당으로 피신

---

* 1974년 4월 전국민주청년학생총연맹(민청학련) 이래 또다시 대학 연합체를 형성하여 유신 철폐와 민주 회복을 위한 대규모 시위를 기도한 혐의로 중앙대 이명준(신방과 69학번/징역 7년) 학생 등 전국 대학생 23명이 긴급조치 9호 위반으로 구속된 사건.

했다가, 가르멜수도원에 들어가서 잡부와 수도사로 지냈다. 1980년 3월 복학 때 다시 만난 백 선배는 가르멜수도원에서 포도 농사를 지으며 자신이 '포도 박사'로 불렸다며 수도원 생활 일화를 들려주었다. 그는 장기간 피신 생활 중에도, 수도원 포도 농사일 등으로 팔과 다리에 근육이 대단했다. 계엄 철폐와 유신잔당 퇴진·민주 회복 등 학생운동 노선에는 조금도 후퇴가 없는 강건한 원칙주의자였음에도, 열 살 아래 후배들에게도 존댓말을 쓸 만큼 온화한 분이었다.

1980년 4월 10일 임철순 중앙대 총장은 교내 루이스 가든에 모인 2,000여 명의 학생 앞에서 사퇴 의사를 밝혔다. 이날부터 백남기, 송기원 선배와 본인 등 긴급조치 복교생들은 차기 총장 직선제와 유신 찬양 어용교수 자성 촉구 등 학원 민주화를 요구하는 일주일간의 교내 단식에 돌입했다. 단식농성 기간에 백 선배는 밤 취침 때 외에는 항상 앉아 있는 꼿꼿한 자세를 유지하며 물과 소금만으로 버티는 등 성직자와 같은 뚝심을 보여줬다.

복교생들은 차기 총장을 학내 구성원인 교수·교직원·재학생이 모두 참여하는 직선제 방식으로 선출할 것을 요구했다. 이러한 교내의 뜨거운 민주화 열기로 말미암아

1980년 5월 6일에는 중앙대 재단 이사회가 개최되어 전체 교수들의 무기명 투표방식으로 추천된 이석희 교수를 신임 총장으로 선출했다. 1980년 서울의 봄 대학가 최초로 교수들이 직접 투표를 해서 대학교 총장을 선출한 것이다.

1980년 4월 24일 중앙대에서는 1975년 긴급조치 9호 직후 학도호국단 체제로 폐지되었던 총학생회가 부활했다. 전교생 투표로 총학생회장이 된 조석제(정외과 72학번) 동문의 요청으로 백남기 선배가 총학생회 부회장이 되었다. 백남기 총학생회 부회장은 매일 수업이 빈 시간에는 총학생회실에서 지냈다. 총학생회실을 찾아갈 때마다 '33세 대학생' 백남기 선배가 빗자루를 들고 총학생회 사무실을 청소하고 있는 모습을 볼 수 있었다. 그의 후배 사랑과 깔끔한 성격을 알 수 있는 대목이다.

1980년 5월 7일 중앙대 정경대생 교내시위가 있었고 5월 8일에는 총학생회 백남기 부회장 주도로 오후 1시부터 밤까지 "유신잔당 퇴진" 요구 교내 횃불시위가 있었다. 횃불시위 직후 도서관 내로 집결한 재학생과 함께 백상태 복학생이 '재판장'이 되어 전두환, 노태우, 신현확, 김종필 등 유신잔당 '반민주행위 재판'을 결행하기도 했다.

당시 동아일보, 중대신문의 보도를 보면, 백남기 부회장 등이 주도한 1980년 5월 8일 중앙대생 시위는 4,000여 명이 참가해 상도동 거리까지 진출하는 등 규모가 컸다.

백남기 농민이 물대포에 쓰러진 지 일주일이 되는 2015년 11월 21일에도 중앙대 재학생 및 졸업생과 농민 등은 중앙대 흑석동 캠퍼스에서 한강대교를 건너 서울역~종로~서울대병원까지 백남기 농민 쾌유 기원 행진을 하면서 물대포 폭력을 자행한 박근혜 정권의 퇴진을 요구하는 최초의 가두행진을 했고 이후 국정농단사건으로 '유신 공주' 박근혜 대통령은 탄핵되었다.

중앙대 총학생회는 총학생회 부활을 기념하는 차원에서 1980년 5월 13일과 5월 14일 이틀간을 '義와 참의 제전' 행사 기간으로 정하고 시국 토론회와 강연회를 실시했다. 1980년 4월 말 부활한 총학생회 회장과 백남기, 송기원 선배, 필자 등 복교생이 대화하는 자리가 있었다. 그때 필자는 1964년 한일 굴욕 회담 반대 시위 당시 대학생들이 '민족적 민주주의 장례식'을 했던 것을 언급하며 총학생회 부활 기념 봄 축제 일환으로 전두환 등 '유신잔당 장례식'을 열자고 제안했다. 이후 5월 초 흑석동 캠퍼스에 등교하는데 당시 정경대 건물 앞 여자기숙사 입구 쪽에 상

1980년 5월 14일
오전 중앙대생은
교내시위(위)를 거쳐
유신잔당 장례식
상여를 들고 서울역으로
행진했다(아래).
출처: 중대신문 제공

여가 놓여 있었다. 이에 놀라 백남기 선배에게 여쭤보니, 백남기 부회장이 직접 소리 소문 없이 흑석동을 수소문해서 흑석3동 산동네에 있는 목공소에서 '유신잔당 장례식 용 상여'를 만들어 교내에 반입했다는 것이다. 백남기 선배의 면밀함과 추진력이 잘 드러난 일이었다.

1980년 5월 14일 중앙대 역사상 최대 인원인 5,000명의 학우가 백남기 부회장 등의 주도로 교내시위를 하고 빗속에 "계엄철폐, 유신잔당 퇴진"을 외치며 노량진~영등포역~여의도~한강을 도하해 서울역으로 진출했다. 당일 재학생들은 교문 돌파를 위해 성동격서聲東擊西 전략으로 스크럼을 짜고 루이스 가든을 먼저 한 바퀴 돈 후 2개 대열만 정문 돌파를 계속 시도하며 경찰 병력을 정문에 묶어두었다. 그리고 주력 대열은 경찰 병력이 적은 상도동 쪽으로 이동해 후문 돌파에 성공했다.

상도동 후문을 나온 중앙대생 주력 대열 4,000여 명은 영등포역에서 서울대생·숭전대생들과 합류하여 영등포~여의도를 거쳐 서울역으로 진입했다. 5월 14일 송기원 선배는 교생 실습 중인 학교로 걸려온 백남기 선배의 전화를 받고 흑석동 캠퍼스에 늦게 합류했다. 그러고는 백남기 선배가 준비해놨던 '유신잔당 장례식용 상여'를 흰 가운을 착용한 의대·약대생 등 재학생 1,000여 명과 함께 어깨에 메고 영등포~여의도 국회의사당~마포대교를 거쳐 서울역광장으로 진입했다. 총괄 지휘차 교정에 남아 있던 백남기 선배, 손원대 동문이 앞장서고 송기원 선배가 〈상두가〉를 선창하던 모습이 기억난다. 서울역에서 수십만 대학생들과 함께 전두환 등 '유신잔당 장례식'을 치르고 이 상여를 불태웠다. 그 유명한 '중앙대생 서울역 앞 유신잔당 장례식' 사건이다.

이 서울역 앞 유신잔당 장례식 상여 사건으로 계엄 당국은 중앙대를 5·14 시위 주모 대학으로 지목했다. 이윽고 5월 18일 새벽 탱크 서너 대가 흑석동 교정으로 진입했다.

5월 14일 당일 낮, 흰 가운을 입은 중앙대생들이 상여를 메고 흑석동 거리를 지나자 주민들이 몰려나와 구경했고 "데모로 중앙대생이 죽어 상여가 나갔다"라는 잘못된 소문이 돌기도 했다. 상여 행렬을 본 서울 시민들 사이에도 "학생이 죽었다"고 퍼지는 바람에 계엄 당국이 중앙대를 요주의 대학으로 여겼다. 5·17 직후 검거된 백남기·송기원·이석표·백상태·김기선 동문 그리고 유인호 교수 모두 혹독한 고문·구타를 당했다.

5월 15일에는 중앙대 농구팀이 장충체육관에서 대학 농구 경기를 했는데, 이 경기를 응원하러 갔던 중앙대생 2,000~3,000여 명이 서울역 앞까지 "계엄 해제 전두환 퇴진" 구호를 외치며 가두시위를 했다.

5월 16일에는 고려대생들이 4·19 탑까지 행진하며 '5·16 장례식' 행사를 했고, 5월 17일 토요일 낮에는 이화여대에서 서울 수도권 소재 대학 총학생회 대표들이 모여

5월 19일 월요일 이후 시위 계획을 논의하던 중 총검으로 무장한 계엄군이 들이닥쳤다. 각 대학 대표들이 검거되고 피신하는 등 아수라장 속에 '비상계엄 확대 5·17쿠데타'가 발발했다. 전두환 군부 일당의 1979년 12·12쿠데타에 이은 '2차 쿠데타'였다.

5월 17일 그날 나를 비롯한 백상태, 경영준, 손원대는 백남기 선배와 함께 총학생회 사무실에서 다음 주 시위 대책을 논의하고 있었다. 오후 2시쯤 각 대학 총학생회 대표자 회의가 열리고 있던 이화여대에 중앙대 대표로 참석했던 후배로부터 "계엄군이 이화여대에 진입하여 전국 대학생 대표자 회의 참석자를 마구 연행하고 있다"는 다급한 전화가 왔다.

곧이어 학생처장이 "노량진경찰서에서 복교생 전원 검거 수배령이 내렸다는 연락을 받았다"며 긴급상황을 알려주었다. 나와 경영준은 나의 방배동 외삼촌 집으로 피신하여 하루를 자며 검거를 면했고, 백남기 선배는 당시 자취를 하고 있던 사당동 지인 집에 가지 않고 백상태와 함께 중앙대 기숙사에 있다가 5월 18일 일요일 아침에 계엄군에 체포되었다.

1980년 8월 20일 자 동아일보에 계엄보통군법회의가 백남기에게 징역 3년 실형을 선고했다는 기사가 실렸다.

　백상태는 5월 17일 자정에서 5월 18일 새벽 1~2시 무렵에 계엄군이 탱크 서너 대를 앞세우고 중앙대 교정으로 진입하는 소리를 듣고 5월 18일 새벽에 백남기 선배에게 "다음 주 계엄 철폐 시위를 위해서라도 일단 피신하자"고 설득했다. 하지만 백남기 선배는 "계엄을 해제하고 민주 헌법을 만들어 민주주의를 회복하자는 우리의 요구가 무슨 잘못이냐? 잘못된 것은 전두환 등 유신잔당 아니냐?" 고 하면서 피신을 하지 않았다.

　군법회의에서 백남기 학생에 대한 재판이 시작되자 중앙대 당국은 1980년 7월 30일 그를 제적했고, 1980년 8월 20일 수도군단 계엄보통군법회의는 계엄 포고령 위반으로 백남기 피고인에 대한 선고 공판에서 징역 3년의 실형을 선고했다. 최고 형량 실형이었다. 1980년 11월 12일에는 정치활동 규제 811명 대상에 포함됐다.

　전두환 정권 출범 후 회유책으로 1981년 특사 가석방으로 풀려난 백 선배는 고향 보성으로 갔다. 그 뒤 1981년 11월 28일 광주성당에서 박경숙 여사와 결혼하고 농민으로 계속 살았다. 자신의 결혼식도 서울의 친구, 후배들에게 알리지 않았다. 나도 농사를 짓는 백남기 선배의 결혼 소식을 뒤늦게 듣고 몇 번 전화 연락을 하다가 1983년 여름 휴가 때, 농민 백남기 선배의 보성 집을 찾아가 하루를 묵고 왔다. 신혼 초였던 백 선배 부인이 직접 담근 매실주를 마시면서 1980년 5월 18일 계엄군에 붙잡혀가 고문당했던 얘기며 그간의 회포를 나누었다.

　특히 백 선배는 계엄군에 끌려가 '서울역 앞 전두환 등 유신잔당 상여 장례식' 사건 등과 관련, 만나본 적도 없는 김대중 선생과의 관계를 억지 조작하려고 각종 고문을 받기도 했다. 이 시기에 5·18광주민주항쟁이 일어나 많은 시민과 학생이 학살당했다는 것을 알았다며 울면서 울분을 토했다.

　백 선배는 "아직 농사를 배우는 초보 농부이지만, 사회에서 가장 어렵고 힘든 농촌의 현실을 바꿔나가는 데 힘을

1980년 5월 14일 중앙대생 5,000여 명의 한강 도하 서울역 앞 시위를 보도한 당시 중대신문. 이 신문은 계엄 당국의 검열로 발행되지 못하고 프린트하여 중앙대 교내에 게시됐었다.

쏟겠다"고 말했다. 그날 백 선배는 "우리 집 백도라지"라며 돌이 갓 지난 첫딸을 소개해서 나를 놀래켰다. 따님 이름을 '도라지'로 지었던 것이다. 선배는 둘째 따님을 백민주화, 아들을 백두산이라고 작명할 정도로 민주화와 통일에 대한 열망이 큰 사람이었다. 초보 농부 백남기는 나와 밤늦게까지 전두환 군부의 광주학살 등 시국 이야기를 나누고, 중앙대 동문의 소식을 물으면서도 첫아기를 안고 농민으로 귀향한 생활에 행복한 표정을 지었다. '33세의 늙은 법대생'이던 그가 30대 중반의 '젊은 농민'이 된 것이었다. 그는 1981년 귀향 이후 박근혜 정권의 물대포로 쓰러진 날까지 평생을 농민으로 살았다.

중앙대 동문 이명준은 농민운동가로 살던 백남기를 이렇게 회상한다.

"백남기가 출소하고 고향에서 결혼하여 농민으로 생활하던 1986년 무렵에 대전에서 열린 가톨릭농민회 행사에서 백남기 동문을 만나 복교를 권유했어요. 그런데 농민운동을 하겠다며 대학 졸업장은 필요 없다고 거절하더라고요. 그 정도의 경력이면 정치판에 기웃거려 한자리 맡을만한데 한 번도 흔들림 없이 고향에서 우리밀살리기운동 등 농민운동만 한 거예요."

더불어 1980년 서울의 봄에 함께 복학했던 경영준(2021년 작고)의 회고도 함께 인용한다.

"그 형님은 불의와는 타협하지 않는 바위 같은 사람이었어요. 그러면서도 후배들은 참 귀하게 여겨줬던 분이었고요."

1980년 5월 14일 중앙대생 5,000여 명(1차 진출 4,000여명, 2차 진출 1,000여 명)의 서울역 시위 때 '유신잔당 상여' 대열의 선두에 섰던 복교생 손원대 동문도 "백남기 형은 시위 등에는 되게 앞장서지만 평소에는 포근한 성격으로 후배들에게 친동생처럼 다정하게 잘해줬다"고 증언했다. 행정학과 74학번 김경일 동문(전 성공회 광주교구 신부)이 백 선배가 쓰러진 후 인터넷 글로 1980년 백 선배 복학 당시의 모습을 증언해서 화제가 된 일도 기억에 남는다.

백남기 선배는 1981년 귀향 이후 서울과는 거의 인연을 끊고 평생 농민으로 사신 분이다. 가톨릭농민회 광주전남 회장과 전국 부회장을 하면서 농민운동을 하셨고, 잘 알려진 대로 우리밀살리기운동을 하면서 거의 자취를 감춘 우리밀 씨앗을 어렵게 구해 부활시키기도 한 그야말로 생명과 평화를 사랑한 농민이셨다.

백남기 임마누엘
형제님을 기리며

김석영

제가 임마누엘 형제님을 처음으로 만난 것이 벌써 45년 전의 일입니다. 세월이 많이 흘러서 20대 후반의 청년 시절의 기억이라 정확한 날짜는 잘 모르겠지만, 저는 가르멜 수도원의 수도 생활에 관심이 있어서 성소聖召 상담을 하기 위해서 1977년 봄의 어느 날, 한국에서 최초로 설립된 인천에 있는 가르멜수도원을 방문하러 갔습니다. 거기서 그 형제님을 처음으로 만난 것 같습니다.

그 형제님은 그 당시 수도원에서 가까운 인천의 동북쪽 변두리에 있는 계산동의 어느 목장에서 목부牧夫로 일하고 있었습니다. 나중에 알고 보니 그는 군대 복무를 마치고 복학한 후, 정부의 긴급조치 숫자가 나날이 늘어나던 그

41

1978년 1월 청원기 시절의 백남기(아래 오른쪽에서 두 번째).

엄혹한 유신 시절에 서울의 한 대학교에서 학생시위를 하다가 지명수배되어 쫓기는 몸으로 숨어 살기 위해 생전 해보지도 않았던 중노동을 몇 년째 하고 있었습니다.

이미 그전에도 같은 상황에서 서울에 있는 어느 봉쇄 수녀원에서 수녀원 외부 정원사로 머슴처럼 1~2년 정도 험한 일을 했다고 했습니다. 자신도 수도 생활을 해보고 싶은 생각이 있어서 그곳 수녀님의 소개로 가르멜수도원과 접촉을 하면서, 수도 성소가 완전히 결정되기까지 머물기 위해 신부님의 주선으로 수도원 근처에 있는 천주교 계산

1979년 1월 수도복 착복식을 함으로써 정식 수도자가 된 백남기(오른쪽 첫 번째).

동 공소 회장을 하던 그 목장의 주인집에서 일을 하게 되었다고 합니다.

1977년 가을에 제가 수도원에 입회하여 살기 시작한 지 1년쯤 지나 1978년에 그 형제님도 수도원에 들어와서 저와 다른 3명의 청원자와 함께 수도 생활 청원기를 보냈습니다. 우리 5명이 1979년 1월에 수도복을 입는 착복식을 함으로써 교회법적으로 수도자로 인정을 받는 정식 수련기가 시작되었습니다.

그렇게 하여 백남기 임마누엘 형제님은 저와 다른 3명

의 수련자와 함께 한국 가르멜 남자 수도회의 제2기 수련 동기가 되었습니다. 보통은 청원기를 1년 가까이 보내야 하는데 그 형제님은 그런 특별한 사정으로 청원기를 3~4개월만 보내고 수도원에서 수련기에 들어갈 수 있는 특혜를 받았습니다. 그 형제님은 저보다 세 살이 많아 수련 동기 중에서 맏이였는데, 단순히 나이가 다른 이들보다 많아서가 아니라, 세상 경험의 연륜과 학식에서도 지도자적인 카리스마가 넘치는 리더로서 모든 면에서 주도적 역할을 했습니다.

거의 모든 수도회가 창립 초기에 수도 생활의 여러 가지 면에서 많은 혼란과 갈등과 시행착오를 겪게 되는데, 우리 수도회도 예외가 아니어서 수도회 장상들의 통솔 방식과 그것에 순종해야 하는 입회자들 사이에 갈등 같은 것이 있었습니다. 이로 인해 혹독한 수련 중에 수련자들이 장상들의 양성지침을 따라가지 못해 성소를 포기하는 경우가 많았습니다. 수련기와 유기 서원기를 무사히 마치고 종신서원을 하기까지 성공하는 확률이 전체 수련자의 30퍼센트를 오르내렸습니다.

그리하여 5명으로 시작한 우리 수련 동기 중에서 1주일만에 한 명의 형제가 퇴회를 하고, 한 달 후에 또 한 명이

나가고, 두 달 후에 또 한 명이 보따리를 싸서 수도원을 떠나갔습니다. 수련을 시작한 지 석 달이 못 되어 수련자는 임마누엘 형제와 저 둘만 남게 되었습니다.

이런 상황에서 그 형제님은 저에게 우리만이라도 어떻게 해서든지 이 수련기를 잘 참아 받아서 첫 서원을 하고, 서원을 해마다 갱신하여 5년 후에 종신서원까지 함께 가자고 굳게 약속을 했습니다.

그런데 하느님의 생각은 우리의 생각이나 희망이나 의지와는 달랐던가 봅니다. 그 당시 제가 듣기로는 그 형제님은 가족 중에 다른 형제자매가 없는 무녀독남 외아들이라고 알고 있었습니다. 그 무렵 어느 날 임마누엘 형제님의 어머니가 아들을 면회하러 왔었는데, 아마도 그동안 아들 소식을 모르고 지내다가, 누구를 통해서 알게 되었는지는 모르지만, 아들이 인천 가르멜수도원에 살고 있다는 소식을 들었던 모양입니다. 연락도 없이 급히 올라오셔서 아들이 수도 생활을 포기하고 집으로 돌아오기를 간절히 원했던 모양입니다.

그날은 임마누엘 형제님이 완강히 거부하면서 억지로 어머니를 돌려보냈는데, 그다음 주일 날도 어머니가 또 면회를 오셨습니다. 하지만 그 형제님이 만나주지 않아서 면회실에서 몇 시간을 기다리다가 어머니는 울며 돌아가셨습니다. 어머니는 교통 사정도 지금같이 좋지 않던 그 시절에 전라남도 보성에서 인천까지 그 머나먼 길을 주일만 되면 올라오셔서 수도원 후문이 있는 철조망 울타리 밖에서 아들의 이름을 부르며 몇 시간을 우시다가 돌아가기를 반복했습니다.

그러던 어느 날, 수도원의 원장님과 양성 책임자가 이 문제를 협의하여 그 형제님에게 특별 휴가를 보내기로 결정을 내려, 일단 어머니를 모시고 집에 며칠 다녀오라고 명했습니다. 그런데 며칠 후에 다시 올라온 그 형제님은 수도원 장상에게 수도 생활을 포기하겠다는 자신의 결정을 보고한 뒤 수사님들 모르게 조용히 짐을 싸서 저에게도 아무 말 없이 고향으로 돌아갔습니다. 저는 그 형제님이 고향에 갔다가 다시 올라온 줄도 몰랐고, 짐을 싸서 아주 내려간 줄도 몰랐습니다. 나중에 원장님이 전체 수사들 앞에서 그 형제의 성소와 관련된 그동안의 경과를 설명하는 말씀을 통해서야 알게 되었습니다.

그리고 세월이 한참 흐른 뒤에 풍문을 통해서 그분이 결혼하여 고향에서 농사를 지으며 자녀들을 낳아 기르며 평범하게 살면서 가톨릭농민회 활동을 하고 있다는 소식을 들었습니다. 그렇게 살다가 30년이 지나서 제가 전라남도 나주시 남평에 있는 가르멜수도원에서 3년간 살던 2009~2011년 사이에, 제가 외출 중이던 어느 날 그분이 수도원을 다녀가셨다는 소식을 들었습니다. 만나지 못한 것을 아쉬워하다가, 몇 주 후에 수도원 공동체의 형제들과 보성에 있는 어느 산으로 하루 봄소풍을 갔다가 귀원하는 길에 마침 그 형제님과 전화로 연락이 닿았습니다. 낯선 시골길이라 전화로 몇 번이나 길을 묻고 물어서 한참 만에 그분이 살고 계신 집을 방문하여 참으로 오랜만에 우리 둘은 만날 수 있었습니다.

우리는 그날 예정도 없이 공동체 형제들과 함께 갑자기 그 형제님 댁을 방문하게 되어 아무런 선물도 준비할 수 없었습니다. 그 주변에 시장이나 마트 같은 가게도 없어서 빈손으로 갈 수밖에 없어서 민망했습니다. 사전에 연락도 받지 못한 형제님 역시 갑자기 들이닥친 많은 손님 때문에 당황하기는 마찬가지였습니다. 그래도 사모님께서 재빨리 솜씨 좋게 부쳐주신 파전과 호박전을 곁들여 마신 막걸리 덕분에 분위기는 좋아졌지만, 이내 해가 기울어 어둠이 몰려왔습니다. 우리는 또 갈 길이 바빠서 오랜만에 만난 우리 둘은 자세한 이야기를 나누지도 못하고 헤어졌습니다.

 그리고 얼마 후에 저는 마산 수도원으로 이동하게 되었고, 그리고 또 얼마 뒤에 미국에 있는 수도원으로 가게 되었는데 거기서 몇 년 살다가 돌아온 때는 이미 그분이 광화문에서 물대포를 맞고 쓰러져 혼수상태로 입원하여 계신 지 몇 달 되던 무렵이었습니다. 그 무렵 수도원의 후배 수사님 한 분이 엄격하고 까다로운 절차를 거쳐 그분이 입원한 서울대병원을 몇 번 방문했다는 소식은 들었지만 저는 여러 사정으로 한 번도 그렇게 할 수 없었습니다.

 다만 그 후에 광화문광장에서 열린 박근혜 대통령 하야 및 탄핵을 위한 촛불집회에는 몇몇 수사님들과 함께 수도복 차림으로 참석한 적이 있었습니다. 2016년 12월 3일에 100만 명 이상이 모였던 집회 때는 큰 글씨로 프린트해 뽑은 종이에 "백남기 임마누엘 형제를 살려내라!"는 유인물을 몇 장 준비해서 가지고 나갔지만 밀리는 인파에 묻혀 흐지부지되고 말았습니다. 사실 저는 남들 앞에 나서서 당당히 큰 소리로 무슨 구호를 외칠 정도의 투사로서의 의지도 없는 소시민에 불과합니다. 이에 어떤 변명의 여지도 없습니다. 다만 뒤에서 기도하면서 후원하는 일밖에 하지 못합니다.

백남기 임마누엘 형제에 대한 추억을 쓰는 지금, 그분이 저와 우리 수련 동기들 앞에서 한담 중에 겸연쩍은 표정으로 하신 이 말이 잊히지 않습니다. "나는 자랑할 것이라고는 내 성씨白氏밖에 없어요"라고 하셨는데, 저는 지금도 그분이 왜 그런 말을 했는지 모르지만, 아마도 세상의 불의와는 타협하지 않고 언제나 정의롭게 결백한 정신으로 살고 싶다는 자신의 의지를 드러낸 것이 아닌가 하고 미루어 짐작할 뿐입니다.

　이상이 제가 백남기 형제님과 2년 정도 가까이 지내면서 함께 쌓아서 남긴 추억의 일부 기록입니다.

동백꽃은 피고 지고,
백남기와 함께 보낸 시간

이명준

1974년 가을에서 1975년 봄까지

백남기 군과 만난 것은 1974년 가을이었다. 그해는 민청학련 사건으로 나라가 뒤숭숭했고, 대학가도 살벌한 분위기였다. 백 군과 나는 시국 문제를 진지하게 자주 토론했다. 그리고 아주 조용하고 평화로웠던 중앙대학교의 분위기에 일종의 절망감까지 느꼈다. 우리는 당시 대학의 분위기 때문에 둘이 백 군의 하숙집이나 다방 구석 등 은밀한 곳에서 만났다.

나는 69학번이고 백 군은 68학번이었으나, 1947년생으로 나이도 같고 고등학교 졸업 연도(1967년)도 같아서 친구처럼 지냈다. 특히 백 군은 절대 하대를 하지 않고 존댓말을 했기 때문에 나도 정중하게 대했다.

나는 1974년 봄에 명동성당에서 영세를 받았기 때문에 수석 보좌였던 이기정 신부와 가까웠다. 그래서 시국도 뒤숭숭하고 학업에도 매력을 잃어서 가톨릭신학교로 옮길까 생각하고 있었다. 백 군과 나는 가끔 명동성당에서 만났다. 당시 명동성당은 지학순 주교의 구속으로 정의구현사제단이 출범하고 나라의 민주화와 인권을 위한 미사가 자주 열렸다. 그런 연유로 백 군은 명동성당 예비자반에 등록하고, 1975년 3월 23일 영세를 받았다.

1975년 2월 15일 민청학련 구속자 대부분이 석방되었으나, 일부 대학 졸업생(유인태 등)과 인민혁명당 사건 관련 구속자는 그대로 갇혀 있었다. 1971년 강제징집으로 군에 끌려갔던 운동권이 제대하고 돌아온 것이 1974년 가을이었다. 아직 민청학련 관계자는 감옥에 있었다. 최열 군이 주선해서 서울대의 심지연, 박홍석 군과 만나 운동을 함께하기로 했다. 그리고 강제징집에서 돌아온 고려대의 한경남과 조성우, 연세대의 김용석과 강기종, 외국어대의 선경식과 합의하여 일종의 천주교정의구현 전국학생총연맹을 구성하기로 했다. 긴급조치 9호로 구속될 때의 공소장(최근에 발견)을 보면, 1975년 3월 9일 나와 백남기는 인천 송도 해수욕장에서 박홍석, 김용석, 이준형(성균관대)을 만났다고 기록되어 있다. 이 자리에서 각 대학의 반정부 시위 분위기 조성과 각 대학 간의 유대 강화를 모의했다고 기록되어 있다.

이때 주동자 6명은 모두 영세를 받은 상태라 명동성당 이기정 신부에게 전화를 할 때는 영세명을 사용했다. 아마 백 군의 영세도 같은 맥락으로 봐야 한다고 생각한다. 또한 그 시절 밖에서 만나는 것은 돈도 들고 무엇보다 보안이 걱정되어 명동성당이 안전하다고들 생각했다,

공소장을 보면 1975년 4월 7일 백남기와 나는 '민주주의만이 살길이다'라는 내용이 담긴 유인물(제목은 '의혈')을 만들어 중앙대에 뿌렸다. 며칠 뒤인 4월 9일 인혁당 여덟 분이 처형되었다. 국제법학자회는 이날을 '사법 암흑의 날'로 선포했다. 이에 분격한 김상진(서울대 농대 68학번) 열사가 농대(수원) 시위 현장에서 과도로 할복하고 사망했다. 유신정권을 규탄하고 할복한 김상진 열사의 마지막 부탁은 "애국가를 불러달라"였다. 정의구현사제단은 4월 18일 명동성당에서 김상진 추도 미사를 열기로 했고, 이 자리에서 녹음된 김상진 열사의 마지막 유언을 들었다. 이

자리에 있던 백 군도 나와 함께 울었던 기억이 난다.

1975년 4월 30일 베트남전쟁이 미국의 패전으로 끝나자, 박정희 정권은 안보를 구실로 1975년 5월 13일 긴급조치 9호를 발령했다. 그러나 5월 22일 서울대 1,500명이 김상진 추도식을 열고 시위에 나섰다.

우리는 각 대학이 연합해 시위를 하기로 결정하고 분주하게 움직였다. 하지만 5월 말에서 6월 초에 중앙정보부로 끌려가고 말았다. 처음에는 국가내란죄로 수사를 받았는데, 그때 받은 고문의 기억은 더는 되돌리기 싫다. 백 군의 지난한 수도원 생활은 이 사건 때문에 시작되었다고 생각한다.

1986년에서 1987년까지

1987년 6월항쟁을 앞둔 1986년에는 5·3 대규모 시위 사건, 김근태 고문 사건, 권인숙 사건 그리고 건대 사건 등 많은 일이 벌어졌다. 그러다 1987년 박종철 사건과 이한열 사건이 민주화 열기를 폭발시켰다.

이때 나는 정의구현사제단의 간사를 맡아, 한 달에 한

번은 가톨릭농민회(대전)에 내려갔다. 신부들 모임에 평신도가 간사를 맡는다는 것이 신기할 테지만, 그 당시의 상황이 워낙 복잡다단하고 위기였기 때문에 가능했다. 또한 그 당시 벌어졌던 농민회의 '소머리' 시위가 전국 연합 시위의 가능성을 열었기 때문에 자주 방문했다. 게다가 대전의 지리적 위치 때문에 전국 교구의 신부들이 모이기 편리한 곳이기도 했다.

이곳에서 농민회 연수차 와 있던 백남기 군과 우연히 극적으로 만났다. 너무 기쁜 나머지 2층 숙소에서 밤을 새우며 밀린 이야기를 했다. 미리 날짜를 잡고 그렇게 몇 번 더 만나 여러 이야기를 나눴다. 아마 지금도 지우지 못하고 있는 백 군의 집 전화번호도 그때 받았던 것 같다. 항상 백 군은 보성을 지나갈 때면 꼭 들르라고 했지만, 한 번도 그 약속을 지키지 못해 미안할 뿐이다. 가톨릭농민회를 통해 간접적으로 소식만 주고받았다.

동백꽃은 지고

백남기 군이 쓰러진 그날, 난 광화문에 있었다. 시위가 간

혈적으로 벌어지는 것을 지켜보다 날도 어두워지고 몸도 불편해서 그냥 집으로 돌아왔다. 어떤 후배가 농민들이 시위를 한다고 했지만, 설마 백남기 군이 참가했을까 생각하다가 아니겠지 그러구 돌아왔다. 그 피해자가 백남기 군이라고 밝혀진 후에도 서울대병원을 자주 가지 못했다. 미안하고 창피한 일이다.

금년 4월 이부영 선배가 봉강 정해룡 선생의 이야기를 다룬 소설 《큰 새는 바람을 거슬러 난다》(김민환 지음, 2021)를 꼭 읽으라고 하시기에 사서 읽었다. 정해룡 선생이 사시던 거북정은 보성군 회천면에 있고, 바로 옆 면이 백남기 군의 고향이자 집인 웅치면이 아닌가. 더구나 절친 송기원 군은 순천, 고령과 닿아 있는 벌교 아닌가. 이 아름다운 고장에 얽힌 지난 백 년의 역사를 돌아보면 가슴이 멍해진다.

올봄에 보성에 갔다. 백남기 군 집 뒤에는 대나무숲이 우거져 있고 앞마당에는 100여 년 된 동백꽃이 떨어지고 있었다. 나는 농민회 사람들에게 바닥에서 자라나는 작은 동백나무를 달라고 했더니 작은 줄기를 뽑아주었다. 집에 가져와서 비료, 물을 주고 열심히 키웠는데 얼마 전에 죽고 말았다. 가슴이 아팠다.

시대의 무거운 십자가

김경일

나는 요즘 툭하면 눈물이 흘러내리면서 울먹이게 된다. 직사 물대포를 맞고 의식불명 상태로 서울대병원에 누워 계신 백남기 선배님이 눈앞에 어른거려서다. 나는 1980년 민주화의 봄에 긴급조치 복학생으로 형님과 처음 만났다. 나보다 예닐곱 살 더 많은 형님은 행정학과 직계 선배님으로 작은 체구도, 얼굴도, 나와 많이 닮아 과 학생들이 가끔 나를 형님으로 착각하기도 했다. 그 당시 형님은 법대의 전설이었다. 유신 시대의 서슬 퍼런 법정에서 판사와 검사들에게 역사의 심판을 받을 것이라고 호통쳤다는 형님의 일화는 법대생들의 얼굴을 치켜들게 만드는 자부심의 근원이었다.

나는 법대 공청회 때 얼떨결에 총장 사퇴의 주역이 되면서 총학생회 멤버들과 어울리게 되었다. 형님은 총학의 부회장으로 있으면서도 사무실에 가보면 늘 빗자루와 걸레를 들고 청소만 하고 계셨다. 운동의 방식을 놓고 후배들이 치열하게 논쟁을 벌여도 옆에서 웃기만 할 뿐이었다. 이렇게 자유롭게 자신의 의사를 밝힐 수 있는 시대가 왔다는 게 꿈만 같고 행복하기만 하다고 했었다.

술자리가 벌어지고 안주로 돼지고기 삼겹살을 사와서 구울 때도 형님은 집게를 손에서 놓지 않고 굽기만 하지, 드시는 걸 못 봤다. 웃기만 하고 좀처럼 말이 없는 분이지만 쇠처럼 단단한 체구에 정신력도 남달라서 모두가 그 품에 안길 수밖에 없었다. 형님은 오로지 공적이면서 대의에 따라 사는 분이었다. 지금 생각해보면 그 나이에 어쩌면 인품이나 인격이 그럴 수 있었을까 싶다. 형님은 우리와 이미 다른 세계에 계셨다. 그런 형님의 모습을 지켜볼 수 있었던 것도 잠시뿐 곧 전두환 집권의 야욕으로 5·18 민주화운동이 일어났고, 형님과 나는 소식이 끊겼다.

그러다 20년도 더 지난 2002년, 나는 인연 따라 전남 벌교의 빈집에서 후배 목사와 함께 살았다. 그런데 놀랍게도 벌교 근처 보성의 한 주막에서 우연히 백남기 선배님을 만나게 되었다. 형님은 농사를 지으며 농민으로 살고 있다고 하셨다. 그러면서 따님 이름을 백민주화로 지었다고 자랑하셨다. 나는 금방 눈시울이 뜨거워져 눈물을 쏟았다. 형님의 민주화에 대한 그 열망과 삶의 고초가 전해져서였다.

"따님께서 곤혹스러운 순간을 많이 겪었겠습니다."

형님은 빙그레 웃기만 할 뿐이었다.

"저는 비록 교회에 몸담고 살고 있지만, 형님의 여전히 타협 없는 꼿꼿한 모습과 치열한 삶에 비하면 그저 진구렁에 뒹구는 건달에 불과하네요. 죄송하고 부끄러울 뿐입니다."

나는 형님 손을 붙들고 진심으로 머리를 조아렸다. 형님은 20여 년 만에 시골 촌부의 모습으로 내 앞에 다시 나타나셨지만, 나에게는 여전히 태산 같은 무게로 다가왔다. 형님은 농민운동의 최전선에 서 계셨다. 나는 그 뒤 형님을 찾아뵙지 못했다. 말로 먹고사는 내 모습이 초라하게 느껴져서였다.

그런 형님이 민중총궐기 시위 현장에서 "이제 다 끝났으니 물대포 그만 쏘라"고 외치다가 변을 당했다는 소식을 접하니 매일 눈물만 나올 뿐이다. 생의 마지막을 형님은 이런 모습으로 정리하시는구나. 역시 형님답다. 형님! 결국 시대의 무거운 십자가를 지고 떠나가시는군요.

1980년에 형님을 처음 뵙고 한 발 뒤처져 따라다니면서 느꼈던 그 전율과 감동을 나는 여전히 기억하고 있다. 나는 흉내도 낼 수 없지만, 그 모습을 가슴에 간직하고 살아왔다. 오직 대의에 사는 강직한 지사적 풍모와 그러면서도 한없이 따뜻한 눈길과 품을. 그리고 엄격하리만큼 자기 절제가 강한 수도자적 모습을.

그래, 누구든 형님을 만나면 살아 있는 예수를 본 느낌이었을 게다.

나는 형님의 발뒤꿈치도 따라갈 수 없는 간장 종지만 한 작은 그릇이지만, 형님의 역사를 향한 마지막 절규를 결코 외면해서는 안 된다고 다시 마음에 굳게 되새기게 된다.

농민 백남기

호랑나비 공동체를 일구다

유영훈

백남기 농민 사건을 겪게 되었을 때, 이것은 우연히 일어난 일이 아닐 것이라는 생각이 들었다. 처음 사건이 발생한 이후부터 오늘에 이르기까지 가족은 물론 가까운 지인들과 동료들은 그날 그 순간 왜 그분이 시위대의 선두에 서게 되었는지 의문을 품는다. 그분이 물대포를 맞게 된 것도 결국은 시위대의 맨 선두에 섰기 때문에 일어난 일인데, 그러한 일은 평소의 행동이나 성품에 비추어 이해되지 않는 부분이기 때문이다.

농민운동가로서 그분은 대중 선동가라기보다는 조용한 조직운동가였고, 사람 사이의 친밀한 소통과 교감을 중시해서 당신의 존재감을 드러낼 수 있는 행동은 내켜 하지 않았기 때문이다. 그런데 그날의 사건 현장이 담긴 동영상에서는 시위 대열 속에서 뚜벅뚜벅 차벽을 향해 나아가는 그분의 모습을 확인할 수 있다. 여느 때와는 달랐던 그 순간, 그분의 행동은 분명 의식적인 몸짓이었으며, 그렇다면 뭔가 그분이 순간적으로 앞으로 나서게 된 동기가 있었을 것이라는 생각이 든다.

그리고 그 내면의 동기는 그즈음 그분께서 주위 분들과 나눈 대화를 통해 어렵지 않게 유추할 수 있다. 1970년대 박정희 유신독재에 맞서 항거했던 그분은 박근혜 정권의 반민주적 행태에 큰 분노를 느꼈으며, 이 땅의 민주화를 위해 애썼던 많은 분이 그러하듯이 후퇴하는 민주주의에 대해 허탈감과 분노의 언사들을 자주 토로했다고 한다.

그러한 가운데, 그날 서울 농민대회를 향해 집을 나서던 그분은 평소처럼 '별일 없이 잘 다녀올 것이네'라는 인사말을 남겼을 뿐 특별한 점은 없었다고 한다. 그리고 혼잡한 집회 현장에서는 어쩌다 보성군 농민들의 대열에서 멀어져서는 시위용 상여와 풍물패의 흥겨운 남도 가락에 어깨춤을 추며 따라갔을 뿐이었다. 그날 함께했던 보성 농민들의 증언에 따르면, 상여를 따라 어깨춤을 추던 모습이 형님의 마지막 모습이었으며, 그 이후 동영상에서 확인된 바와 같이 시위대의 선두에서 차벽 앞에 서 있게 된 것이었다.

그분은 그날 사정없이 몰아치는 물대포와 그 물대포에 무참히 부서져버리는 상여, 그리고 속수무책으로 물대포를 맞고 있을 수밖에 없었던 농민들의 대열 속에서 '분노'했다. 그리고 쏟아지는 물대포를 향해 앞으로 나섰고, 결국 자신의 몸을 던지는 결단을 했던 것이라고 믿어진다.

그런데 나는 그분의 이와 같은 결단, 투신의 동기는 단순하게 반민주적인 정치 권력을 향한 '분노'에만 머물지 않는다고 생각한다. 왜냐하면 한순간의 선택이지만, 한 인간의 삶이 총체적으로 응축되어 드러나는 계기이고, 농민 백남기, 가장 백남기, 민주화운동가 백남기, 농민운동가 백남기가 지녔던 삶의 에너지가 총체적으로 드러나는 계기로 봐야 한다는 게 내 나름의 생각이기 때문이다.

민주주의가 후퇴하고, 남북관계가 파탄 나고, 민생이 도탄에 빠져서 많은 국민이 좌절하고, 허탈해하고 있는 상황에서, 산촌의 한 농부가 서울의 한복판에 누워 있는 모습은 얼핏 보면 우연한 하나의 사건으로 보일 수도 있다. 그러나 평소 백남기 농민의 생각과 삶의 모습을 조금이나마 이해하고 있는 입장에서 보면 분명 그 속에 어떤 메시지가 함축되어 있으리라 생각하게 된다.

그리고 그 메시지는 초야에 묻혀 있던 한 인물이 역사의 전면에 등장하는 과정을 통해 당시의 모습으로 나타난 것이 아닌가 하는 게 내 나름의 해석이다. 이러한 해석이 가능한 근거는 백남기 농민이 그동안 세상에 자신의 존재를 드러내고 알리지는 않았지만, 이 시대를 살아가는 우리 모두에게 스스로 삶을 되돌아보라는 경종을 울려주고 있었을 것이라고 믿기 때문이다.

그분과 함께했던 즐거운 기억들이 많이 있다. 가장 먼저 떠오르는 장면은 대전 가톨릭농민회관에서 있었던 일이다. 1980년대 농민 동지들 사이에 우애와 친교가 넘쳐났던 시절, 동지들은 한 번 만나면 쉽게 헤어지지 못했다. 대전 가톨릭농민회관에서 교육이나 회의가 끝나면 전국에서 모였던 동지들은 멀지 않은 곳에 있는 고속버스터미널에서 서로 건투를 다짐하며 각자의 현장으로 돌아갔다. 그런데 작별 인사를 나누었던 동지 중 일부는 몇 시간 후 농민회관으로 다시 돌아왔다. 전남 지역 동지들이었다. 이들은 고속버스터미널로 향하는 길목에 있던 작은 구멍가게에서 막걸리를 마시며 이야기꽃을 피우다가는 저녁이 되자, 집으로 돌아가기를 포기하고 농민회관으로 돌아온 것이었다. 이런 일이 한두 번이 아니었다. 자주 있었던 일이었다.

그리고 그 전남 동지들 속에 백남기 농민이 있었다. 동지애가 넘치는 흥겨운 자리에 '백 회장님'이 빠지면 안 될 일이요, 또 한 번 앉았다 하면 좀처럼 자세를 흩뜨리지 않는 그분의 질긴 엉덩이 덕분에 일행은 쉽게 자리를 파하지 않았다. 더욱이 내 집처럼 편안하게 먹고 잘 수 있는 농민회관이 있으니 그날 밤 잠자리 걱정도 없었다.

가톨릭농민회 전남 회장으로 전남 지방 이곳저곳을 다니는 생활, 집에서 이웃 농민들과 함께 어울리는 생활이 그분 삶의 많은 부분을 차지했다. 그분이 있는 곳에는 늘 농민들의 '자리'가 마련되었고, 그곳에서 세상과 농민들과 사람들을 만났다. 그분은 그렇게 '더불어' 살았다.

'호랑나비 친목계.' 그분이 이웃 농민들과 함께했던 친목계 이름이다. '호랑'은 호주머니의 옛말이고 '나비'는 '나누고 비운다'는 뜻이다. "가난한 농민들의 비록 작고 비어 있는 주머니이지만, 서로 나누고 비우면서 즐겁게 살아보세!"라는 백남기 농민의 공동체 선언이며, 전라남도 보성의 산촌에서 가난한 농민들이 연출해낸 작고 따뜻한 세상

보기였다.

그것은 물질적 풍요 속에서 공동체가 해체되어 심각하게 파편화되어가고, 이웃과 자연과의 연대가 사라져가는 위기의 시대를 성찰케 하는 훌륭한 거울이 아닐 수 없으며, 우리 모두에게 서로 돕고 나누며 살라는 '호랑나비의 공동체 정신'을 전해주고 있었다.

또한 그분은 온화하고 부드러운 '말'로 사람뿐만 아니라 동식물의 본질과 본성을 표현해내고 이를 통해 그들과 관계를 맺는 독특한 태도를 보여주었다. '백도라지' '백민주화' '백두산' 같은 자녀들의 이름에서 보듯이, 세상에서 가장 사랑하는 자식들에게 시대적 명제를 이름 붙여주며 시대정신을 견지했던 철저한 태도. 심지어 집에서 키우는 강아지에게도 '오이삼'(5월 23일, 노무현 전 대통령 서거일)과 '팔일팔'(8월 18일, 김대중 전 대통령 서거일)로 이름을 붙여 역사적 의미를 생각하려 했다.

그뿐인가. 그분은 마음씨가 따뜻하고 온화할 뿐만 아니라 애틋한 생명 존중과 모심의 태도를 견지했다. 그는 물질보다 가치를 더 중요하게 여긴 탓에 가장으로서, 아버지로서 가족들에게 미안함이 많았을 것이다. 그 마음을 어찌 말로 다 표현하겠냐마는, 그분은 자녀들과 통화할 때 "오,

사랑하는 우리 따님!"이라면서 존대와 사랑의 정을 듬뿍 전했다. 특히 부인에게는 "클레오파트라보다 예쁜 당신" 이라며 감사와 사랑의 마음을 아낌없이 표현했다. 가까운 후배의 부인들에게는 "존경하고 사랑하는 제수씨"라고 불렀다. 선후배 농민들에게는 "어허 그런가요?" "이렇게 해 보면 어떻겠는가요?" 하며 상대방의 의사를 존중하고 경청해주었다. 한마디로 '섬김과 경청의 리더십'을 잘 보여준 분이었다.

그러나 남의 허물이나 원칙을 벗어나는 일에 대해서는 적당히 넘어가지 않았다. 따뜻하고 온화한 그였지만, 잘못된 일에 대해서는 크게 분노하고 호되게 꾸짖기도 했다.

평생을 운동의 현장에 몸담아온 활동가로서, 친근한 농민의 벗으로서 태도를 잃지 않았으며 자신의 권위를 내세우는 법이 없었다. 그러한 소탈한 모습으로 인해 많은 이웃 농민들과 후배들로부터 존경을 받았다. 게다가 그분은 권력과 명예를 얻으려는 어떠한 시도도 하지 않았다. 그간 오랜 현장 활동으로 보성군 지역 사회뿐만 아니라, 전라남도 지역에서 지도적 위치에 있었던 그였다. 자연스레 선거 철만 되면 출마를 권유받곤 했지만, 그분은 늘 일언지하에 거절했고, 오히려 능력 있는 후배들을 발굴하고 육성하는

데 관심을 기울였다.

이렇게 그분은 남 앞에 나서거나 이름을 드러내는 일을 허용하지 않았고 늘 사람들 속에서 함께하려 했다. 그렇다 보니 그분이 서울대병원에 누워 계실 때 "그렇게 자신을 드러내지 않으시려던 형님이 어째서 저렇게 세상에 이름을 드러내고 온갖 사람들이 당신이 깨어 일어나기를 염원하도록 만들었는지 참 이해가 가지 않는 일"이라고 형수님은 말씀하셨다.

그분이 의도하지는 않았지만, 이것이 농업, 농민, 농촌을 최고의 중심 가치로 삼아온 농민운동가가 당면할 수밖에 없는 시대적 숙명일지도 모르겠다.

그분의 겸손하고 소박한 태도는 오랜 자기 수양과 성찰을 통해 얻은 자기절제가 있었기에 가능했다고 믿는다. 알려진 것처럼, 대학 시절 수배를 피해 숨어 있던 명동성당과의 인연으로 그분은 천주교 신앙을 갖게 되었고, 청년 시절 몇 년간을 엄격한 수도원에서 수도 생활에 전념하기도 했다. 평소에도 늘 손에서 묵주를 놓지 않고 기도 생활에 충실했으며, 구도적 탐색을 이어나갔다. 가까이서 그분과 교류했던 어느 후배는 그분이 세상과 사물을 바라보는 데 있어 상당한 경지에 다다른 것을 느꼈다고 말한다.

면 소재지는 만 원, 광주는 이만 원, 서울은 오만 원! (그나마 이것도 원고 작성 과정에서 형수님의 부탁으로 절반 정도 높인 액수다.) 그분이 외출할 때 행선지의 거리에 맞춰 형수님께서 건네준 용돈이었다. 그것도 다 쓰지 않고 남겨서 돌아오는 날은 책상 위에 그대로 보관했다가 다음에 나갈 때 다시 들고 갔다. 그분은 휴대전화는 물론 그 흔한 신용카드 한 장 사용하지 않았다. 참 검소한 삶이다.

그분은 늘 검정 고무신을 즐겨 신었다. 광주를 가거나 서울에 갈 때도 아무렇지도 않게 검정 고무신을 신고 다녔다. 당시 도시 문명에 조금은 주눅 들어 있던 젊은 후배 농민들의 눈에 형님의 검정 고무신은 새로운 '멋'으로 느껴졌다. 덕분에 후배 농민들도 앞다투어 검정 고무신을 신고 자신 있게 도시를 활보할 수 있었다. 비록 작은 예이지만, 그분이 농민들과 함께하는 모습이 어떠했는지 느낄 수 있는 대목이며 농민이 '천하지대본'으로서 제자리 찾기를 바라셨던 그분의 신념을 엿볼 수 있다.

1990년 여름, 그분 댁을 방문하여 콩을 심은 뒷밭에 가 본 적이 있었다. 그분은 밭 구덩이를 손으로 이리저리 흩어 보이더니 말했다. "어이 여보게, 콩 심을 때는 한 구덩이에 세 알씩 넣어야 한다고 안 했는가? 한 알은 새가 먹고, 한 알은 사람이 먹고, 한 알은 땅속에 있는 벌레가 먹으라고. 아따, 그란디, 이거 보게. 비둘기란 놈이 세 알을 몽창 다 먹어뿌리고 말았네!"

그분과 나는 기가 막혀서 한참을 웃었다.

당시는 가톨릭농민회가 유기농 공동체 운동에 힘을 기울일 때였고, 공동체적 삶의 원리를 말할 때는 '콩 세 알의 비유'를 자주 예로 들었다. 그런데 콩 세 알의 비유가 실제 생활에서는 그대로 적용되지 않는 것과 마찬가지로, 더불어 사는 삶은 현실에서 이뤄내기가 참으로 어렵기만 했다. 실제로 그분은 아끼는 후배 농민들과 '공동체'를 이루려다 아픔을 겪기도 했다. 그러나 생전 그분의 삶에서 보듯이 그분은 늘 농민과 이웃과 대자연과 하나가 되는 삶을 이어나갔다.

그분은 세상 떠나기 전 근간에는 밤마다 산길에 나가 꽹과리를 쳤다고 한다. 산속에 있는 멧돼지에게 가까이 오지 말라는 신호를 보내느라고. 소설이나 영화에 담으면 꽤 멋진 장면이 될 것 같다.

백남기 농민의 마지막은 극적이었다. 감춰져 있던 '보석' 같은 한 농민의 삶이 세상에 모습을 드러냈다. 많은 이들이 이에 공감하고 감동했다.

그렇게 농업, 농민, 농촌의 소중한 가치를 다시 한번 드높였고, 민주주의 회복의 마음이 모여 촛불혁명의 마중물을 이루었다. 이 땅에 더불어 사는 공동체의 세상에 씨앗들이 뿌려졌다. 그리고 "우리가 백남기다"라고 외쳤던 농민들은 오늘도 농업·생명 살림의 고된 발걸음을 이어가고 있다.

농민운동가, 백남기

백종덕

농민운동가 생명의 평화 일꾼 백남기 농민은 1985년 하반기에 가톨릭농민회(이하 가농)에 입회해 활동했다. 가농은 1964년에 활동을 시작하여 전남 보성군에서도 농민운동으로 성장하고 있었다. 1985년 4월 13일 벌교 천주교회(주임신부 이재희)에 농민 문제 상담소를 열고 가농 보성·고흥협의회를 창립했다. 가농 보성·고흥협의회는 보성군, 고흥군을 관할하며 마을 단위 분회 조직을 확대해갔다. 필자는 가농 보성·고흥협의회 상근 실무자 총무를 맡아 활동했다.

  광주 가농분회에서 활동하시던 김결 선생은 백남기 농민을 다음과 같이 소개했다.

1985년 4월 13일 가톨릭농민회 보성·고흥협의회 창립 총회.

"보성 웅치에 백남기라는 조카가 살고 있는데 학생운동을 하다가 구속되었고 지금 웅치로 내려와 염소를 키우며 농사를 짓고 있네. 함께 활동해보면 좋을 것이네."

나는 곧바로 그에게 벌교성당에서 가농 모임(월례회)이 열린다는 연락을 보냈다.

"보성군 웅치면 유산리 부춘동 염소목장 백남기 귀하."

그가 어떤 인물인지 궁금했다.

1985년은 전두환 군부정권의 동생 전경환(새마을운동본부장)이 미국에서 산 송아지를 들여온 해였다. 국내 소값은 개값(5만 원)이 되었다. 정부 융자를 받아 키운 소가 개값이 되자, 영세 농민들은 소를 장에 몰고 나와 소를 때려죽이고, 소몰이 시위를 하며 전두환 정권에 저항했다. 농가 부채를 감당하지 못한 농민들이 야반도주하거나 음독 자살할 정도로 농촌공동체 붕괴가 심각했다.

백남기 농민은 전해 들은 것과 다르게 염소가 아닌 젖소를 키우고 있어 피해가 심각했다. 그는 웅치면 청년들을 모아 가농 분회를 결성했다. 유산리, 강산리, 봉산리, 중산리, 대산리 등 마을 청년과 여성을 중심으로 웅치면 가농 분회를 만들어나갔다.

1986년은 미국의 농축산물 수입 개방 요구가 본격화되면서 국내 농업 기반이 무너지고 농민 생존이 위기에 봉착한 해였다. 정치적으로는 전두환 군부정권의 장기집권 음모와 신민당의 개헌 요구가 대립하는 국면이 전개되고 있었다. 이에 가농은 농민 생존권 보장과 정치적 민주화가 서로 분리된 과제가 아니라는 점을 부각하며 농민 생존권 보장과 민주 헌법 쟁취 투쟁의 전면에 나서게 되었다.

연초부터 농가 부채 해결을 위한 강진농협 쇠똥물 투척

사건으로 정종범 강진 가농 회장이 구속됐다. 한편 충남 아산에서는 영농후계자 오한섭이 정부로부터 영농자금을 받아 산 소가 똥값이 되자 이에 항거해 음독자살했다.

이에 가농이 주도하는 살인 농정 철폐, 민주 헌법 쟁취를 위한 농민대회 및 시위가 전국적으로 일어났다. 또한 야당인 신민당은 '직선제 개헌 1,000만 명 서명운동'을 주도하면서 전국 대도시를 순회했다. 3월 30일 광주 도청 앞 집회에서 위의환(장흥 가농 회장), 주향득(나주 가농 전남연합회 여성부 간사) 농민이 구속됐다. 농민 생존권과 민주 헌법 쟁취 운동은 농번기임에도 불구하고 각 지역에서 현수막 걸기, 스티커 붙이기, 선전물 배포 등 끊임없이 이어졌다.

2월 13일 정길현(가농 보성·고흥 총무) 농민이 "군부독재 몰아내고 민주 헌법 쟁취하자"라고 쓰인 스티커를 고흥 동강면 오월리 마을회관 벽에 붙이고 경찰서로 연행됐다. 경찰은 그에게 구류 7일 처분을 내렸다. 농민운동 탄압이 이루 말할 수 없이 큰 시기였다.

5월 9일 벌교에서 열리는 신민당 개헌 집회에서 가농이 주도하는 '농민 생존권과 민주 헌법 쟁취 운동' 가두시위에서 경찰은 300여 명의 무장 사복경찰을 풀어 농민회원 19명을 연행해서 5시간 동안 감금했다. 시위자들을 신민당 개헌 집회와 격리해 농민들의 요구와 주장을 묵살하려고 벌인 일이었다.

웅치에서 뒤늦게 참석한 백남기 농민은 경찰차에 감금한 농민들을 석방하라고 항의하면서 스스로 경찰차로 들어왔다. 나는 반갑기도 했지만, 놀라기도 했다.

"이 양반 보통이 아니네. 제 발로 들어오다니……"

한참 침묵이 흐르다가 누군가 〈농민가〉를 콧노래로 불렀다. 모두 따라서 불렀다. 우리를 감금하고 있던 경찰들은 이를 제지하기 위해 상부에 보고했고, 우리는 벌교지서(보성경찰서 벌교지구대)에 다시 감금되었다. 벌교지서에 감금된 우리는 창문을 열고 〈농민가〉를 부르며 "민주 헌법 쟁취하여 농민 살길 보장받자!"라고 힘차게 구호를 외쳤다. 벌교읍 시장통 거리에 있던 읍민들이 박수를 보내며 응원했다. 경찰은 당황하며 제지하려 했지만, 우리는 계속 구호를 외치며 〈농민가〉를 불렀다. 백남기 농민은 묵묵히 감금된 농민 시위자들과 함께했다.

5월 16일 광주 남동 천주교회에서 '5·18민중항쟁 7주기' 추모 미사와 함께 천주교 광주대교구사회 운동협의회가 주도하는 집회가 있었다. 백남기 농민은 농사일을 제쳐두고 보성 농민들과 함께 광주로 올라와 집회에 참석했다.

미사를 마치고 도청 앞까지 거리 시위를 계획하고 농민, 청년, 학생, 신자들이 주축이 되어 거리로 나섰다. 경찰은 수백 명의 무장경찰, 사복경찰(백골단)을 동원하고 최루탄을 쏘며 우리를 저지했다. 그뿐만 아니라, 백골단은 주모자들을 무자비하게 폭력으로 강제연행하기 시작했다. 백남기 농민은 청년, 학생들이 연행당하는 것을 막고, 그들이 담장을 넘어 피신하도록 도와주었다. 청년, 학생들은 백남기 농민의 어깨를 넘어서 피신했다. 그런데도 경찰이 쏜 최루탄에 이마가 찢어지고 눈을 다치는 등 심한 부상자가 많이 발생했으며 30여 명이 강제연행됐다. 그러나 시위대는 공권력의 횡포에 굴하지 않고 밤 11시까지 도청 주변에서 시위를 계속하다가 남동성당에서 철야농성을 했다.

다음 날 17일, 백남기 농민은 농민, 청년, 학생들과 가톨릭센터 5층 사무실에 농성장을 꾸리고 대형 확성기를 내걸어 전두환 군부정권의 폭력 경찰 규탄과 직선제 개헌을 주장하며 연행자 석방을 요구했다. 5·18광주민주항쟁 7주기를 맞아 금남로에 모인 많은 시민이 농성을 응원하며 함께했다. 경찰은 당황하여 폭력 진압에 대한 사과의 말을 건네며 연행자를 전원 석방하고, 부상자를 치료할 테니 농

1986년 한국과 미국 사이에 '한미통상협상'이 일괄 타결되며, 미국 농축산물 수입 개방의 상징으로 양담배 수입이 전면 개방됐다. 이에 가톨릭농민회는 양담배가 수입 시판되는 날인 9월 1일 전국 33개 지역에서 동시다발로 '농산물 수입 저지' 시위를 벌이기로 했고, 보성·고흥 지역 농민들도 참여했다.

성을 중단할 것을 요구했다.

연행자들이 모두 석방되어 농성장으로 돌아와 자기소개와 함께 주장을 펼치자 금남로의 시민들이 환호하며 박수갈채를 보냈다. 이 투쟁은 광주·전남 지역에서 6월항쟁을 촉발하는 전초전이 되었고, 이후 6월항쟁 동안 가톨릭센터를 투쟁의 거점으로 삼고 농민, 학생, 청년, 시민이 각종 집회나 시위를 주도하고 동참했다.

1986년 7월 21일. 한국과 미국 사이에 '한미통상협상'이 일괄 타결되며, 미국 농축산물 수입 개방의 상징으로 양담배 수입이 전면 개방됐다. 이에 가농은 양담배가 수입 시판되는 날인 9월 1일 전국 33개 지역에서 동시다발로 미국 농축산 수입 저지 집회와 농성을 벌였다. 각자 마을에서부터 경운기를 몰고 나와 군·읍면에 집결한 후 미국대사관까지 가면서 벌이는 농성이었다.

보성 경찰과 행정 당국은 이 집회를 막기 위해 농민회원 개개인을 임의동행하거나 가택연금을 내렸다. 아침 일찍 이들을 따돌린 백남기 농민은 담배 농사를 많이 짓고 있는 웅치면 농민들과 경운기를 몰고 보성 읍내로 나갔다. 그는 경운기에 "양담배 수입 웬말인가? 천만 농민 투쟁하자!"라고 쓰인 현수막을 내걸고, 〈농민가〉를 부르며 구호를 외쳤다. 보성읍 국도 삼거리까지 나아가자 경찰은 길을 막아 경운기를 못 가게 한 뒤 현수막을 탈취하고자 했다. 그들은 1시간 30분 동안 경찰과 대치하며 연좌 농성을 벌이다 보성 읍내까지 진출했다. 경찰이 경운기를 막고 현수막을 강제 탈취해서 농민들을 저지하자, 그들은 개인별로 빠져나와 보성 천주교회에 다시 집결했다.

이재휘 신부와 고흥·벌교에서 온 농민회원들이 그들을 반갑게 맞았다. 농민들은 대열을 가다듬고, 미국 농축산물 수입 개방 저지 성명을 발표했다. 농민들이 "미일 외세 배격하여 천만 농민 살길 찾자!"라고 쓰인 현수막을 내걸고 다시 보성 읍내로 진출하자 경찰이 현수막을 탈취하고 22명을 보성경찰서로 강제연행했다.

경찰의 강제연행을 피한 농민들은 보성 천주교회로 집결하여 농성장을 꾸리고 오토바이 4대에 분승하여 읍내를 돌면서 성명서를 군민들에게 배포했다. 그들은 성당 건물 십자가 아래에 대형 확성기를 보성 읍내 쪽으로 내걸고 가두방송을 시작했다. 양담배를 비롯한 미국 농축산물 수입 개방 저지와 전두환 군부정권의 농업 희생 정책에 대해 알리고, 당국의 농민운동 탄압 중단과 연행자 석방을 요구하는 내용이었다. 이에 경찰은 6시 30분경 강제연행한 농민

들을 석방했다.[*]

1987년은 농민들의 민주 농정에 대한 요구가 빗발친 해
였다. 농민들은 쌀 생산비 보장, 민주 농협 쟁취, 수세 거
부 등을 주장하며 직선제 개헌을 이룬 6월항쟁에 적극적
으로 참여했다. 백남기 농민은 웅치 농민들과 함께 민주
농정의 꿈을 이루기 위해 가농 회원을 마을별로 확대해나
갔다. 이는 전남 지역 가농 조직 강화의 모범 사례로 나주,
진도, 영광, 곡성 지역의 읍·면 마을 분회 활성화에 큰 영
향을 미쳤다.

백남기 농민은 농업, 농민의 생활 토대인 '마을'의 민주
화가 선행되어야 한다고 생각했다. 그래서 이장부터 직선
제를 실시해야 한다며 부춘동 마을 이장이 됐다. 당시 이
장은 읍·면의 수장이 임명하여 독재 권력의 가장 밑바닥
의 하수인 노릇을 할 수밖에 없었다. 농협 조합장, 읍·면장
을 비롯한 군수, 도지사도 독재 권력이 임명하던 시대였
다. 이에 백남기 농민은 웅치면 유산리에서 부춘동 부락으
로 분동하여 원래대로 마을을 유지하고자 한 것이다.

---

[*] 〈가두방송 연설문 성명서〉, 《천주교 광주대교구 가톨릭농민회 우리농촌살리
기운동본부 40년사》 2권, 2013, 208쪽.

2월 음력 정월 대보름 농한기를 틈타 웅치 농민들과 풍물(농악) 기능을 연습한 백남기 농민은 마을을 돌면서 지신밟기를 하기로 했다. "농민해방 민족통일" "농자천하지대본" 깃발을 앞세우고 보성 농민회원이 거주하는 벌교, 조성, 득량, 보성읍, 웅치 등 마을과 읍·면 사무소, 지서 등 관공서를 방문하며 신명 나게 지신밟기를 했다. 직원들과 수장들은 이들 일행을 반갑게 맞이하며 함께 즐거운 놀이판을 만들었다. 독재정권 아래 가농 회원들을 감시하고 농민운동을 탄압했던 공무원들이 오랜만에 화해와 상생을 하려는 듯 보였다.

하지만 다음 날 보성경찰서와 군청을 방문하여 지신밟기를 하겠다고 하자 경찰이 이를 완강히 막아섰다. 첫날 주민들과 관공서에서 모은 성금이 150여만 원이 넘었고, 가는 곳마다 가농 회원들을 환대하고 지지하자 덜컥 겁이 난 모양이었다. 웅치면사무소를 가니 면사무소 문을 걸어 잠그고 면장과 면 직원들이 막아섰다. 결국 싸움판이 되고 말았다.

"문 여소, 문 여소 주인, 주인 문 여소."

잠긴 문은 열리지 않았다. 전두환 군부정권의 말단 행정기관인 면사무소는 이렇게 주민들을 감시하고 통제하

1987년 농민회원들은 "농민해방 민족통일" "농자천하지대본" 깃발을 앞세우고 여러 마을과 읍·면 사무소, 지서 등 관공서를 방문하며 신명 난 풍물놀이 지신밟기를 했다.

고 있었다. 면장이나 군수를 직선제로 뽑았다면 이렇지 않았을 것 아닌가? 백남기 농민은 웅치면사무소에 들어가지 못하고 농민들과 함께 풍물을 치며 활성산 아래 부춘동 마을로 향했다. 앞장선 "농자천하지대본" "농민해방 민족통일" 깃발이 힘차게 나부꼈다.

5월 26일, 가농이 주도적으로 참여한 '민주헌법쟁취국민운동본부'가 발족하여 보성군 지부도 결성됐다. 백남기 농민은 지역 운동 세력과 연대해서 그 당시 직면한 과제였던 쌀 생산비 보장, 수세 거부, 농협 민주화, 민주 농정 쟁취 투쟁을 하며 직선제 개헌을 요구했다.

6월항쟁으로 전두환 군부는 직선제 개헌을 수용하는 6·29선언을 했다. 민주화 바람이 크게 일어 각 지역에서 농민들의 생존권 보장과 민주 농정 쟁취 투쟁이 활발하게 일어났다.

8월 하순에 들어서 대규모 홍수에 수문 관리 잘못으로 고흥 해창만이 바닷물에 잠기고 말았다. 피해 농민들이 군청에 피해 보상을 요구하러 가자, 군청은 문을 걸어 잠그고 농민들을 만나주지도 않았다. 백남기 농민은 보성 농민들과 함께 고흥군청으로 갔다. 피해 농민들은 군청 밖 도로에서 비를 맞아가며 항의농성을 했다. 마침내 군청 문이 열렸다. 피해 농민들은 힘차게 군청 안으로 들어갔다. 천군만마를 얻은 고흥 해창만 염수 피해 농민들은 밤늦도록 항의농성을 했고, 피해 보상 요구를 받아들이겠다는 답을 듣고 귀가했다. 그러나 김부일, 박포강 농민회원과 주동자는 경찰서에 연행되어 석방되지 않았다. 백남기 농민은 연행자 석방을 요구하며 경찰서 앞에서 철야농성을 계속했다. 다음 날 피해 농민들은 포두면 사무소를 점거하고 해창만 염수 피해 보상을 요구하는 투쟁을 이어나갔다.*

1987년 고흥 해창만 염수 피해 보상 투쟁 때 경찰서 앞에서 연행자 석방을 요구하며 항의농성 중인 백남기 농민(가운데).

　백남기 농민은 가을철 추곡 수매를 앞두고 '민주 농협과 쌀 생산비 쟁취 전남 농민 서명운동'을 실시하고 쌀 1가마 (80kg) 10만 원 이상 전량 수매를 요구하며 각급 시군 지역 분회마다 현수막 내걸기, 벽서, 선전물 배포 등 농산물 제값 받기 활동을 적극적으로 전개했다.

　9월 30일, 보성 가농 회원들, 보성 농민회원들과 연대하여 '보성 민주 농협 쟁취, 쌀 생산비 보장, 수세 거부' 대회

＊　같은 책, 213쪽.

1987년 9월 30일, '보성 민주 농협 쟁취, 쌀 생산비 보장, 수세 거부' 대회를 개최(위)하고 가두시위를 하며 보성군청까지 가려 했으나 경찰은 30여 명의 농민을 연행하여 집회를 무산시켰다.

를 예당 양송이 공장에서 개최하고 가두시위를 하며 보성 군청까지 가려 했으나 경찰은 30여 명의 농민을 연행하여 집회를 무산시켰다. 이 과정에서 경찰과 심한 몸싸움이 일어나 다수가 다치고 강제연행된 농민들은 2시간 동안 경찰차 안에서 구금되었다가 웅치, 벌교, 미력 등 각 지역에 뿔뿔이 흩어져 석방됐다.

12월 직선제 개헌으로 대통령을 선출하는 시기에 농민들의 투쟁은 전국적으로 활발하게 일어났다. 가농은 대선 국면을 맞이하여 김영삼, 김대중 후보 단일화로 군사독재 종식과 민주 농정 쟁취 투쟁을 함께하기로 했다. 대선 후보 단일화가 실패로 돌아가자, 전남 지역은 김대중 후보를 지지하는 한편 선거 기간과 선거 후에도 수세 거부, 쌀 생산비 보장 등 민주 농정 쟁취를 위한 농민대중 투쟁을 활발하게 전개했다.

12월 29일, 선거 패배에도 불구하고 나주 천주교회에서 1만여 명의 전라남북도 지역 농민들이 모여 수세 거부 투쟁을 벌여 수세 폐지 성과를 획득했다. 이후 자발적인 농민대중 투쟁이 전국 각 지역에서 일어나 조직화하고 통일된 농민운동 세력이 자리를 잡아 시·군 농민회와 전국농민회총연맹이 탄생하게 됐다. 가농은 전농에 시군 조직이

1987년 12월 나주 천주교회에서 1만여 명의 전라남북도 지역 농민들이 모여 수세 거부 투쟁을 벌여 수세 폐지 성과를 획득했다.

함께할 것을 결의하고 생명공동체운동으로 전환하기로 했다.

1990년 가을 백남기 농민은 가농 전국본부에서 우리밀 씨앗을 가져와 밭에 뿌렸다. 전남 지역 최초로 웅치면 부춘동에 우리밀 씨앗이 뿌려진 것이었다. 곧이어 우리밀살리기운동과 생명공동체운동이 부춘동 마을에서 시작됐다. 필자는 1년여 동안 부춘동에서 백남기 농민과 함께 살았다. 그곳에서 유기농업운동을 전개하고자 했던 것이다.

백남기 농민(맨 위 왼쪽에서 두 번째)은 가농 전국본부에서 우리밀 씨앗을 가져와서 밭에 뿌렸다. 곧이어 우리밀살리기운동과 생명공동체운동이 부춘동 마을에서 시작됐다.

　많은 공동체가 만들어졌다 사라졌듯, 부춘동의 생활 공동체 역시 오래가지 못하고 각자 흩어졌다. 누구의 잘못도 아닌 현실적인 조건에 의한 와해였다. 부춘동 마을에 뿌려진 밀밭이 그대로 있는 것처럼 생명공동체운동은 계속 지속하리라 본다.

청빈한 삶,
대의를 위한 삶

배삼태

1980년대에 나는 가정형편 때문에 어렵게 고등학교를 졸업하고 다른 선택의 여지 없이 무안에서 농사를 지었다. 천주교 신자였기 때문에 자연스럽게 가톨릭농민회에 가입했고 농민운동을 운명으로 받아들이고 가톨릭농민회 무안군협의회 총무직을 맡아 농민운동에 전념했다.

그 무렵은 전두환 집단이 쿠데타로 정권을 잡고 무분별하게 외국 농축산물을 수입하여 소값은 폭락하고 농촌은 급속도로 해체되던 시기였다. 그때 당시 농민운동 진영은 군부독재가 물러나면 농민들이 잘사는 세상이 오리라 믿었고, 6월항쟁에 앞장서서 싸우는 등 반독재 민주화 투쟁의 중심에서 열심히 투쟁했다.

6월항쟁 때 나는 무안, 목포, 광주에서 온갖 최루탄을 뒤집어쓰고 백골단에 맞서 정말 열심히도 싸웠다. 그러다 6월 26일, 광주 터미널 근처에서 백골단에 연행되어 광주 광산경찰서 유치장에서 6·29선언을 맞았다.

그때 당시 나뿐만 아니라 대다수의 농민운동 지도자들은 대통령 직선제만 되면 민주 정부가 수립되고, 민주 정부가 수립되면 농산물값도 제값을 받고 농민들이 잘사는 세상이 올 줄 알고 한마음으로 기뻐했다. 그래서 나는 이제는 농민운동이 필요 없는 세상이 오는 줄 알고 무안에서 농사만 짓고 살 생각을 하고 있었는데, 어느 날 가톨릭농민회 보성·고흥협의회 회장님이신 백남기 회장님이 무안까지 나를 보러 오셨다. 찾아온 연유인즉슨, 가톨릭농민회 전남연합회 총무를 맡고 있던 백종덕 씨가 전국본부 실무자로 가게 되었는데, 내가 그의 후임을 맡아주면 좋겠다는 것이었다.

나는 고등학교를 졸업한 후에 사회적인 경험이 전무한 상태였던 터라, 그 큰 조직의 실무 책임을 맡을 자신이 없었다. 백남기 회장님은 나와 띠동갑이었고, 학생운동 경험도 풍부하셨다. 그뿐만 아니라 학생운동 중 수배되어 수도원으로 피신하여 수사 생활도 하셨고, 1980년 5월 17일

신군부에 연행되어 김대중 내란음모사건에 엮여 징역까지 사셨던 분이었다. 백남기 회장님은 몇 년 전 특사로 풀려나 소를 키우다 소 파동으로 많은 빚을 지셨고, 가톨릭농민회에 가입해 보성·고흥협의회 회장직을 맡고 계신다고 하셨다.

결국 백남기 회장님 설득에 나는 가톨릭농민회 전남연합회 총무를 맡을 수밖에 없었다. 6월항쟁 직후는 민주주의에 대한 욕구와 농촌의 위기가 겹치면서 농민운동이 지금보다는 훨씬 강했고, 가톨릭농민회도 거대한 조직으로 성장했다. 그러나 농민운동 단체가 난립해 있었기 때문에 농민운동 단체의 통일이 시대적 과제였다. 이에 가톨릭농민회도 시대적 요구에 부응하여 1990년도에 전농(전국농민회총연맹)이 창립할 수 있도록 결의하고 생명농업과 직거래운동 등 우리농촌살리기운동과 우리밀살리기운동에 전념하게 되었다.

격랑의 시기에 가톨릭농민회 전남연합회 회장직을 역임하셨던 분이 백남기 농민이었다. 물론 가톨릭농민회 전남연합회 총무는 내가 계속 맡았지만, 6월항쟁과 1980년대 말 각종 농민집회 때 가장 선두에서 최루탄에 무방비로

노출되었던 나는 1989년도에 폐 기능이 많이 손상되어 무안 한산촌에서 요양을 하게 됐다. 그래서 가톨릭농민회 전남연합회 후임 총무는 함께 사무실에서 궂은일을 도맡아 했던 최강은 씨가 맡게 되었다.

무안 한산촌에서 완치된 나는 무안에서 농사일과 우리밀살리기운동에 전념했다. 백남기 회장님도 가톨릭농민회 전남연합회 회장 임기가 끝난 후 보성에서 우리밀과 주잡곡 농사를 지으며 자녀 셋을 키우고 대학 보내느라 허리가 휘셨다.

나는 청계농공단지에서 가톨릭농민회 선배님들과 우리밀 제분 공장과 국수 공장, 빵 공장을 했다. 하지만 1998년 IMF사태와 함께 우리밀 사업이 위기에 처하게 되었고, 이와 함께 연쇄 부도로 빚 방석에 앉았다가 최근에야 빚에서 해방되었다. 그 어려움 속에서도 희망의 끈을 놓지 않고 버틸 수 있었던 원동력은 백남기 회장님이 중심에서 같은 처지의 선후배들과 함께하셨기 때문이 아닐까 생각해 본다.

빚의 규모가 만만치 않았는데도 어려운 내색 없이 당당하게 사셨던 그 결기야말로 과거 우리 사회의 선비 정신이고, 요즘의 종교로 치면 수도자의 길이요, 민중운동하는 사람들 입장에서는 민중운동 진영 지도자의 길이 아닌가 싶다.

2015년 11월 14일 광화문 민중총궐기가 있기 한 달 전인 2015년 10월 14일 무안에서는 전남가톨릭농민회동지회 회원 모임이 있었다. 그때 동지회 회장은 백남기 회장님이셨다. 그때 그 모임에서 주로 나누었던 이야기는 참석자 모두가 평생을 농업, 농촌, 농민을 위해서 운동을 해왔지만, 작금의 현실은 너무 절박하다는 것이었다. 비록 나이는 70대, 80대가 되었지만, 다시 한번 지혜를 모아 총력투쟁을 하자고 결의한 뒤에 우리는 헤어졌다.

그날 무안 회원들은 멀리서 오신 회원들을 위해 음식 준비에 각별히 신경을 썼다. 무안 낙지와 무안 숭어, 소고기 육회 등을 넉넉히 준비했다. 그날 백남기 회장님은 몇 번이고 너무 좋은 음식을 많이 마련해줘서 고맙고 행복하다고 하셨다. 마음 같아서는 다음 해(2016년)에 보성에서 가톨릭농민회 동지회를 개최해서 회원들을 대접하고 싶은데, 그때 가족여행이 잡혀 있어 아쉽다고 하셨다. 칠순을 맞이해 네덜란드에 있는 막내딸인 백민주화의 집에 가서 칠순을 쇠고 유럽 여행을 하기로 했다는 것이었다. 그러면서 2017년에 가톨릭농민회 동지회를 보성에서 하자고 약속하셨다.

그리고 한 달 후인 2015년 11월 14일, 광화문 보성농민회 깃발 아래에서 백남기 회장님을 보았다. 그날 백남기 회장님이 농업, 농촌, 농민을 위해서 그 큰 십자가를 메고 다시 오지 못할 먼 길을 떠날 것을 알았더라면 회장님이 좋아하시는 막걸리라도 한잔 대접했을 것인데 아둔한 나는 전혀 예측하지 못했다. 그렇게 그분을 그냥 보내고 말았다.

그분은 평생을 수도자처럼 청빈하게 사셨고, 언제 어디서든 대의를 위해서는 십자가를 질 준비가 되어 있는 분이었다. 원조 적폐 세력인 유신잔당 세력이 농업, 농촌, 농민을 죽이고 백남기 농민의 큰 거사를 병사로 조작하려 안간힘을 썼지만, 성난 민심에 탄핵될 수밖에 없었다. 그분이 작고한 지 벌써 5년이 지나가지만, 촛불 민심을 계승하겠다는 현 정권에서도 농업, 농촌, 농민은 희망을 찾을 수가 없다. 2022년은 지방 권력과 중앙 권력이 함께 바뀌는 선거가 치러진다.

지방 권력이든 중앙 권력이든 농업, 농촌, 농민을 살리고 기후위기에 능동적으로 대처하면서 다가오는 식량위기를 준비하는 정치 세력이 승리했으면 좋겠다. 우리 모두가 백남기 농민을 생각하고, 그분의 죽음이 헛되지 않고 그분 보기에 부끄럽지 않게 지속 가능한 농업과 지속 가능한 사회를 향해서 노력했으면 좋겠다.

다시 한번 백남기 농민의 명복을 빌며, 초심을 잃지 않으려 다짐한다.

'겸손하되 당당하게',
청년으로 남아 있는 백남기

최강은

2016년 9월 25일. 이날은 70회를 맞는 백남기 회장님의 생일이었다. 당시 광주교구 가톨릭농민회 김창화 회장 내외는 남녘 장흥에서 술밥을 준비하고 가농 동지들로 구성된 부촌모임 형제들과 새벽길을 나서 서울대병원 천막 농성장으로 향했다. 입담이 구수하거니와 평소 막걸리 자리에서 2박 3일은 거뜬히 지샜을 정도로 백남기 회장님과 가까운 사이인 김상욱, 배삼태 두 형님과 아내가 함께왔다. 나는 형님이 위급하다는 형수님의 전갈을 받고 이틀 전에 미리 서울대병원에 도착해 있었다.

직접 빚은 막걸리를 농성장 천막 동료들께 따르며 회장님의 고희를 이렇게나마 축하했다. 물대포에 맞아 쓰러진

지 317일 동안 천막 농성장에선 누구도 단 한 번 술 한 잔을 나누지 않았다. 지나가며 보는 사람도 많거니와 만에 하나 말하기 좋은 신문쟁이들이 이 광경을 보고 왜곡 기사라도 써댄다면 어렵게 투쟁한 결과가 잘못 비칠까 스스로 정한 규율을 철저히 지켰기 때문이다. 그러나 이날은 병상에 누워 사경을 헤매고 계시지만 하루도 거르지 않고 매일 미사를 진행한 천주교정의구현사제단과 천막 농성장을 지키느라 고생한 전국의 수많은 동지께 70회 생신날 회장님이 직접 따라주는 막걸리로 생각되었다. 돌이켜보면 남도 끝 장흥에서 빚어온 이 막걸리로 회장님은 마지막 인사를 하신 듯하다. 회장님은 다음 날 호흡을 멈추고 말았다.

70회 생신 다음 날인 9월 26일, 위급한 상황이 전개되었다. 백남기 농민의 위급함을 알아챈 경찰 측은 이미 수천 명의 경찰을 동원해 병원을 에워싸고 입구를 통제하기 시작했다. 투쟁본부 지도부도 각종 SNS 등을 통해 시민들께 이 상황을 전하고 어떻게든 서울대병원으로 들어와 백남기 농민을 지켜달라고 긴급하게 호소했다. 대학로 앞 천막에 남은 투본 지도부와 수많은 시민은 중환자실로 집결하기 시작했다. 형수님과 도라지 내외 그리고 나는 중환자실로 들어가 돌아가시기 직전에 하는 종부성사에 함께했다. 담당 레지던트는 어딘가에서 걸려온 전화를 받고 '네, 병사요? 네?'를 연발했고 꽉 닫힌 중환자실 밖은 수많은 기자의 카메라와 만약의 사태에 경찰에 맞설 시민들로 온통 북새통이었다. 백남기 농민의 주검을 이송할 준비가 됐다는 손영준 총장의 신호를 받고 장례식장 영안실로 옮기는 작전에 돌입했다. 중환자실 문을 열자마자 자발적인 시민 자위대는 시신 침대를 겹겹이 에워싸서 장례식장 영안실에 무사히 안치했다. 이미 부검 영장이 발부되었으니 이렇게 안 했다면 시신은 탈취되고 사인도 병사로 작성되어 왜곡된 역사로 기록되었을 것이다. 나중에 알게 되었지만, 레지던트가 받은 전화는 사인을 병사로 기록하라는 병원 상부의 지시였고 병사나 외인사라는 용어도 나는 그때 처음 들은 말이었다.

억울한 죽음에 슬퍼할 겨를도 없이 부당한 부검 영장에 맞서 시신을 지켜야 하는 또 다른 상황이 시작되었다. 가톨릭농민회, 전농을 비롯한 각 단체의 농촌 현장에서 올라온 농민들과 강제부검을 막아내고자 자발적으로 모인 시민들은 조를 짜서 날밤을 새우며 영안실을 지켰다. 접객실은 새벽부터 야밤까지 밀려드는 조문객들로 인산인해를 이뤘다. 각 지역에서도 시, 군 단위별로 자발적인 시민 분향소를 설치해 조문객을 맞이했다. 평범한 농민의 죽음에 전국 149곳의 분향소가 설치된 것은 그만큼 무도한 박근혜 정부에 대한 분노가 극에 달했으며 한편으로 백남기 농민의 선행적인 삶이 많은 시민에게 감동을 준 결과라고 할 수 있을 것이다. 그것이 부검 영장을 막아내고 박근혜를 권좌에서 끌어내린 원동력이었으며 1,700만 촛불항쟁의 마중물이 되었을 것이다.

큰형님처럼 넉넉한 가슴으로 보듬어주시며 힘들 때마다 늘 나의 멘토가 되어주신 백남기 회장과 나의 첫 만남은 아마 6월항쟁이 끝나가던 1987년 중하반기 무렵으로 기억된다. 우여곡절 끝에 농민운동에 뛰어든 나는 가톨릭농민회 전남연합회 교육 간사를 맡고 있었다. 1983년 해금 및 복권되어 1986년 가톨릭농민회에 입회하여 가톨릭농민회 보성·고흥협의회 회장을 맡고 있던 뿔테안경 속 백남기 회장의 첫인상은 '지적인 농민운동 지도자의 출현' 이었다. 1987~1989년은 가톨릭농민회의 현장 조직이 폭발적으로 늘어나던 시기였다. 각 시, 군 단위 조직에서는 끊임없는 회의와 교육, 투쟁 등이 일어났으며 광주에서도 일상이다시피 수많은 집회가 조직되어 전개되던 때였다. 우리와 같은 젊은이들과 잘 어울리고 언행이 늘 진보적이면서도 모범을 보여줬던 백남기 회장을 차출(?)하여 가톨릭농민회 전남연합회에서는 각 지역 교육에 배치했으며 광주 집회에도 수시로 함께하면서 뒤풀이 막걸리 자리가 늘 이어졌다. 1989년부터는 백남기 회장이 가농 전남연합회 회장으로 선출되어 지금은 5·18기록관이 된 당시 가톨릭센터에 있는 사무실에 반 상근하다시피 했다. 이때부터 본격적으로 나는 우리밀, 가농 동지회 등에서 대표와 실무자로서 백남기 회장을 모시고 지내왔다. 돌이켜 생각해보면 농사 경험도 없는 형수님이 홀로 농사일을 하시며 얼마나 고생하셨을까 하는 생각이 들어 그저 죄송할 따름이다.

결혼 전 당시 나의 자취방은 광주에 올라온 회원들의 숙소나 다름없었으며 금남로 구 동구청 뒤 동명식당은 우리의 단골 막걸리집이었다. 동명식당 바로 뒤 영빈여인숙은 최루탄과 막걸리가 범벅이 된 우리를 포근하게 쉬게 해주었던 단골 숙소이기도 했다. 지금 그 주변 막걸리집은 영흥식당이 몇 년 전 문을 닫고 구이집만 남아 있으며 동명식당과 영빈여인숙은 이미 사라진 지 오래다. 회의할 때나 술자리에서 백남기 회장은 주로 듣는 걸 좋아하셨다. 회의의 결정 과정에 직접 개입하지는 않으면서 결정된 사항은 우직하게 따르는 지도자였다. 술자리에서는 주로 당시 치열한 논쟁거리였던 사구체 논쟁에 대해 귀 기울여 들으시며 궁금한 건 여쭤보기도 했던 기억이 있다. 사람을 대할 때는 항상 '겸손하되 당당하게'라고 하신 말씀은 지금도 나의 좌우명이기도 하다.

가톨릭농민회 진도협의회가 창립된 날이 1987년 8월 7일 이었으니, 아마도 1988년이나 1989년쯤이었을 것이다. 전날도 금남로에서 있던 집회에서 최루탄깨나 뒤집어쓰고 동명식당에서 늦도록 술밥을 먹고 영빈여인숙에서 자고 나와 다시 동명식당에 아침 겸 점심을 먹으러 들어갔다. 다들 농사짓는 농사꾼들이다 보니 아침부터 막걸리는 다반사여서 식사보다는 오히려 해장술이라고 해야 맞을 것이다. 나는 진도에서 농민교육이 있어 중간에 일어서서 다녀오겠다고 인사를 하고 길을 나섰다. 당시에는 자가용이나 사무실 차가 없어 당연히 버스를 타고 출장을 다녔다. 인사를 하는 내게 백남기 회장이 "안전하게 얼른 잘 다녀와, 기다리고 있을게" 하고 말씀하셨다. '안전'을 강조하는 말씀이었다. 나는 '안전하게 얼른'과 '기다리고 있을게'의 의미를 곱씹으면서 지금은 광주은행 본점과 롯데백화

점이 들어선 당시 대인동 터미널로 걸어갔다. 그때 진도까지는 버스로 2시간 30분에서 3시간이 걸렸다. 진도는 그야말로 남도의 끝, 그것도 섬이었다. 농민들과 2시간을 이야기하고 돌아온다 해도 왕복 7시간에서 8시간이 소요된다. 그 시간까지 거기 있겠다는 말일까? 궁금했다.

교육을 마친 후 버스에 몸을 싣고 잠이 들었다. 잠시 후 일어나보니 저녁 7시 전후나 되었을까? 어스름한 대인동 터미널 공중전화 부스로 가 혹시나 하고 동명식당에 전화를 해보았다. 그런데 세상에 그 시간까지 그 자리 그대로 술자리가 이어지고 있었다. 동명식당 주인아주머니 말씀이 술장사를 이리 오래했어도 이렇게 오랜 시간 흐트러짐 없이 술자리를 하는 사람들은 처음 봤다며 혀를 내둘렀다. 그 전날도 많이 마셨으니 설마 그렇게까지 자리가 이어지리라는 생각은 하지도 못했다. '안전하게 얼른'과 '기다리고 있을게'란 말씀이 빈말이 아니었다. 그날도 우리는 전두환, 노태우, 미국놈 등을 안주 삼아 실컷 마시고 영빈여인숙에 또 몸을 뉘었다. 호주머니는 텅 비고 암울한 시대였지만 꿈이 많았던 시절이었다.

1990년대 초까지만 해도 대학생들이 농활을 쉽게 갈 수 있는 지역이 많지 않았다. 행정 당국의 집요한 방해 공작은 마을 농민들과 대학생들을 이간질해서 마을 이장 등을 통해 농활을 오지도 못하게 하거니와 이미 와 있는 학생들을 마을에서 쫓아내는 일까지 벌어지곤 했다. 전라도는 대체로 주민들의 도움으로 무사히 농활을 진행할 수 있었지만 다른 시·도로 간 농활대들은 계획된 농활이 진행되지 못한 경우가 허다했다. 이렇게 쫓겨난 농활대들이 가톨릭 농민회 전남연합회 사무실로 종종 연락을 해왔는데 이런 경우는 거의 다 보성의 백남기 회장께 연락을 드려 딱한 사정을 이야기하곤 했다. 그러면 백남기 회장은 호쾌하게 웃으며 "얼마든지 보내주시게, 우리 마을에서 다 받아들임세" 하셨다. 뒤치다꺼리하시느라 고생만 하신 형수님께 죄송할 따름이다. 서울대병원에 계실 때 많은 의사와 간호사분들이 그때 보성 웅치면 부춘마을로 농활을 갔던 기억을 되살리며 가족을 찾아와 위로해주고 극진한 치료를 해주었다. 하여튼 그때 서울대 의대, 간호대도 어디선가 쫓겨나 부춘마을로 안내했던 기억이 난다.

백남기 회장은 조직의 결정은 무겁게 받아들이고 실천한 행동가였고, 동지의 안전을 끝까지 지키는 지도자였다.

고흥군 해창만 간척지 투쟁, 보성 예당 수세 거부 투쟁 시 잡혀간 동지들을 석방하지 않으려면 나도 집어넣으라고 큰소리치며 경찰서 정문에서 날밤을 새우기도 했다. 1989년 조선대 이철규 진상규명 투쟁 당시 가톨릭 내 단체인 천주교사회운동협의회(천사협)에서도 연대 차원에서 단식 농성을 결의했다. 당시 가톨릭센터 7층 강당이 단식농성장으로 각 단체에서 한두 명씩 단식에 참여할 사람을 선발했다. 우리 가톨릭농민회에서도 한 명이 참여한다고 하면 당연히 내가 하는 게 순서였다. 그러나 백남기 회장은 "자네는 실무자로서 할 일이 많으니 내가 할라네" 하시며 단호하게 단식에 임하셨다. 끼니를 굶으면 평생 다시 먹을 수 없으니 지금도 아침밥을 챙겨 먹고 있는 나로서는 당시 백남기 회장님의 말씀이 너무나 고마웠다. 당시 가톨릭센터 주변 도로는 저녁이면 포장마차가 즐비하여 닭발 굽는 냄새 등이 스멀스멀 7층까지 올라와 단식자들의 후각을 자극했으니 그 고통은 이루 말할 수 없었을 것이다.

초창기부터 우리밀살리기운동을 주창하시며 함께하셨던 백남기 회장은 집 뒤에 직접 개간한 5,000여 평의 밭에 지난 30여 년 동안 손수 밀을 심고 가꾸셨다. 소득 작물도 아닌 밀이었지만, 식량주권을 위해서도 반드시 살려야 할 일이라며 소득과 관계없이 일평생 우리밀을 심어온 것이다. 2015년 광화문 집회를 하러 가기 이틀 전인 11월 12일에도 그 밭에 밀 파종을 마치고 새벽길을 나섰었다. 우리밀살리기운동 창립 멤버에다 광주전남본부 공동의장을 역임한 백남기 회장은 밀 수매 때면 직접 빚은 막걸리를 들고 나와 농민들을 격려했으며, 검사 요원에겐 농민들 위로 차원에서 등급 좀 잘 주라고 당부하시는 모습이 지금도 눈에 선하다. 30여 년 동안 백남기 회장이 지켜왔던 그 밀밭은 이제 후배들이 그 뜻을 받들어 경작을 이어가고 있으며 매년 추억의 밀밭길 행사를 통해 도시민과 함께하고 있다.

물대포를 맞아 그 자리에 쓰러져 1년여 동안 사경을 헤매다 결국 운명하게 된 고인을 두고 박근혜 정권은 사인을 규명하겠다며 강제부검을 시도했다. 그러나 이러한 반인륜적 행태는 결국 정권의 종말을 고하는 신호탄이 되고 말았다. 시민들의 힘으로 강제부검을 막아낸 장례투쟁 41일 동안, 빈소는 매일 미사와 연도가 이어졌으며 끊임없는 조문행렬로 인산인해를 이루었다. 백남기 농민의 주검을 지키는 영안실 앞은 '시민지킴이단'의 24시간 철야농성이 계속되었다. 이들에게 필요한 라면, 화장지, 생수, 과일 등은

SNS로 소식을 들은 전국의 시민들이 택배로 보내주어 택배 트럭이 줄을 서 물품을 하차하느라 다른 업무를 못 볼 지경이었다. 급기야는 SNS에 물품을 그만 좀 보내주라는 전갈을 띄울 정도였다. 시민들의 승리로 장례투쟁을 이겨내고 결국 장례식 후 남은 물품은 세월호 천막 등 각 농성장에 모두 기부를 했다. 2016년 10월 29일 청계광장에서의 1차 촛불집회는 5,000여 명이 참가할 것이라는 예상을 넘어 3만여 명의 시민들이 참여했고, 11월 5일 백남기 농민의 장례식이 끝난 후 열린 광화문광장에서의 2차 촛불집회는 5만여 명이 모일 거라는 예상을 깨고 30만여 명이 모여 박근혜 구속을 외쳤다. 백남기 농민의 사인 진상규명을 위한 천막 및 장례투쟁은 1,700만 촛불 시민들의 위대한 첫 승리였고 박근혜 탄핵과 구속의 신호탄이었다. 청년 학생 시절에는 아비 박정희에게, 노년에는 딸 박근혜에게 고통을 받고 죽임을 당한 백남기 농민은 이렇게 1,700만 촛불항쟁으로 부활한 셈인 것이다. 민주화되고 통일되면 백두산 가서 도라지 캐자시던 숙제는 이제 우리 몫이 되었다.

가톨릭농민회 활동 당시 현장 방문(오른쪽 첫 번째 백남기, 가운데 필자).

농학연대 집회 후 전남대에서(뒷줄 가운데 백남기, 뒷줄 오른쪽 첫 번째 필자).

이철규 사인 진상규명 투쟁 중 단식농성(좌측 세 번째 백남기).

출장 중 기차역에서(좌측 첫 번째 필자, 두 번째 백남기).

1990년 회원 농가 방문(오른쪽 첫 번째 백남기).

1989년 활동가 연수회-흑산도 성당(뒷줄 왼쪽에서 두 번째 백남기, 아랫줄 왼쪽에서 세 번째 필자).

1990년 회원 농가 방문(왼쪽 첫 번째 백남기, 오른쪽 첫 번째 필자).

1990년 백남기 농민 밀밭에서(앞줄 오른쪽 첫 번째 백남기, 뒷줄 오른쪽 박경숙 여사, 뒷줄 왼쪽 필자, 앞줄 두산이와 민주화).

회장님, 회장님,
나의 회장님

김정열

생전 말 한마디 나눠본 적도, 눈 한 번 마주친 적도 없었지만, 나에게는 내 가슴속의 한 사람이 있다. 살아생전 온기 있는 손 한 번 잡아본 적도 없지만 1년이 지날수록 2년이 지날수록 가슴속에 사무치는 한 사람이 있다.

2015년 11월 14일 밤 11시가 다 되어갈 무렵 서울대병원에서 만난 한 사람, 백남기. 나의 회장님.

그를 알게 된 날부터 나는 숙소를 나와 그의 곁에서 350일을 보냈다. 추운 겨울을 지나 봄으로, 여름으로, 다시 겨울로 들어오는 사계절 내내 나에게 가장 큰일은 그분의 상황을 알리는 일이었고, 그분을 쏜 책임자를 밝히는 일이었고, 끝내는 돌아가시게 한 그 책임자를 처벌하는 일이었다.

내내 울었던 것 같다. 말하다가도 울었고, 차를 타고 가다가도 울었고, 누워서 천정을 보고도 울었다. 막막하기도 했고, 억울하기도 했고, 차벽보다도 더 높은 벽 앞에 절망스럽기도 했다. 그러나 이제야 말하지만, 가장 힘들었던 것은 죄스러움이었다. 특히 여사님과 따님들을 만날 때마다 죄스러워서 고개를 들 수 없었다. 차마 입 밖으로 내뱉지는 못했지만 따뜻한 밀밭을 두고 추운 광화문으로 올라오시게 해서 죄송하다고 수백 번 마음속으로 말했다. 11월 14일 그날 민중총궐기에 참여하지 않으셨다면 지금도 이 푸른 하늘 아래에서 막걸리 한잔하시면서 웃고 계시지 않았을까?

죄스러워서 나는 더 열심히 싸워야 했다.

그러나 지금 와서 돌아보면 그 시간이 힘들긴 했지만 고통스럽지는 않았다. 모두가 '함께'라는 기쁨을 느낀 충만한 시간이었다. 투쟁하는 우리와 가족들이, 농민들과 시민사회 단체와 국민이, 한 농민의 죽음 앞에 '한마음'이었기에 1년이라는 긴 시간이 절대 외롭지 않았다.

11월 14일 그날의 일은 있을 수 없는 일이었다.

"쌀값을 올려달라"는 농민에게 정부는 물대포를 저격해서 혼수상태에 빠트렸다. 그러고는 그 공권력이 정당하다고 했다. 무자비하고 비민주적인 권력으로 한 농민을 죽음에 이르게 했으면서도 아파서 돌아가셨다고 우겼다. 사과는커녕 병사라는 것을 밝히겠다며 안치실에 있는 시신을 탈취하려고 했다.

우리는 어찌할 바를 몰랐다.

이 안타까운 상황을, 이 억울한 상황을 어떻게 해야 하나?

정부를 상대로 진실을 밝히고 그 책임을 묻기에는 골리앗과 다윗의 싸움처럼 막막했지만 싸울 수밖에 없었다. 아니, 싸워야 했다. 우리 농민들이 아무리 힘이 없다고 해도 박근혜 정부가 아무리 강고하다고 해도 우리 농민, 우리 회장님의 억울한 죽음 앞에 우리가 하지 못할 것은 없었다. 한평생 농사만 지어온 한 농민을 정부가 죽여놓고도 사과조차 하지 않는데 우리가 하지 못할 것이 무엇이 있었겠는가. 백도라지, 백민주화, 백두산을 키우면서 한평생 이 땅의 자주화와 민주화를 위해 살아오신 한 농민이 정부의 독재 앞에 쓰러졌는데 우리 후배들이 하지 못할 것이 무엇이 있었겠는가.

서울대병원 앞의 노상 농성장, 매일 집회, 매주 집회, 100일 200일 300일 집회, 기자회견, 피케팅, 선전전, 그리고 서울대병원 장례식장에서의 치열한 투쟁 등 수많은 일이 있었다. 이미 많은 분이 알고 계시는 일이고 직접 같이 하신 일들이다.

나는 그중에서도 2016년 투쟁이 제일 생생하다. 2016년 초는 백남기 농민 투쟁이 확산하지 못하고 있을 때였다. 정부와 경찰은 계속 자기들은 잘못한 것이 없다고 뻗대고 있었고 대중들은 점차 잊어가고 있을 때였다. 우리는 애가 탔다. 이대로 사그라지면 어쩌나 싶어 조바심도 났다. 그래서 우리의 모든 것을 걸고 최선을 다해보자 다짐했다.

제일 먼저 여성 농민들이 나섰다. 1월 29일이었다. 광화문 아스팔트 위에 무릎을 꿇었다. 아직 사경을 헤매고 있는 '백남기 농민의 쾌유와 민주주의 회복을 위한 천배'를 서울 한복판 길 위에서 올렸다. 그 당시 여성 농민들이 할 수 있는 모든 것이었다. 살갗을 에는 정월의 추위가 나이 든 여성 농민들의 무릎을 파고든다 해도 이 사건의 진실만 알릴 수 있다면 아무 문제가 아니었다. 그렇게 그날 여성 농민들은 울면서 간절하고도 간절한 깊은 절을 올렸다.

2월 11일부터는 대책위 단체부터 일반 시민들까지 많은 분의 염원을 담고 17일간 보성에서 서울까지 도보 행진을

여성 농민들이 백남기 농민 국회 청문회 수용 촉구 단식농성을 하고 있다.

했다. 시작한 날이 음력 정월 초사흘이었다. 설도 쇠는 둥
마는 둥 하고 보성에 모였다. '책임자 처벌'이 주요 구호였
다. 보성에서 서울까지 절뚝절뚝 걸으면서 국민에게 호소
했다. 국가가 국민에게 이럴 수는 없다고. 이건 국가도 아
니라고 말이다.

그 후에도 단식농성 등 여러 투쟁이 이어졌다.

9월 25일 돌아가시고 정부는 부검하겠다고 경찰을 투
입하고 시민들이 밤낮으로 회장님을 지키고…… 그러나

끝내 우리는 승리했고 무사히 광주 북구 망월동 묘역에 모실 수 있었다. 선량한 농민의 죽음에 대한 분노였지만 그 분노는 개인적인 것이 아니었기에 그 투쟁은 비민주적인 박근혜 정부 퇴진으로 이어질 수밖에 없었다.

지난 6년이 아직도 생생하다. 중환자실에 계시던 백남기 회장님을 처음 뵌 순간부터 말이다. 비록 의식은 없으셨지만, 병실에 계시던 회장님의 피부는 당신의 삶처럼 맑았고 금방이라도 눈을 뜨실 것처럼 두 볼은 볼그레했다. 돌아보면 나는 백남기 회장님의 죽음을 통해 내 삶을 돌아보게 되었고 그분의 죽음을 통해 내 삶의 미래를 얻었다.

백남기 농민, 그분은 나의 영원한 회장님이며 나에게 주신 하나님의 선물이다.

예순 즈음에 다가온
'우리밀 성체'*

김선출

2016년 5월 14일, 다시 봄날이다. K는 망설였다. 친구 아들 서울 혼례에 가야 하나, 깨가 쏟아지는 동창들 도보길에 합류할까. 마음은 결국 발길을 보성 밀밭으로 떠밀었다.

그래, 이럴 때 소소한 것 같지만 선택과 결단을 하자. 행동의 의미를 살피고, 거창하게 말해 삶의 철학을 짚어보는 거야.

K는 지난해 직장에서 퇴직한 후 무력감 속에서도 새롭게, 본질적으로 제2막 인생을 살아야 한다고 자신을 강박

---

* 백남기 농민이 작고하기 직전에 제작된 광주서중일고 51회 졸업 40주년 추억집 《다시, 무등을 보며》에 실렸던 글이다.

했지만, 막연히 시간만 죽이고 있는 요즘이었다.

K의 철학적 고민이란 대충 이런 것이었다. 지난 60년은 획일적인 입시교육에 찌들고 직장생활을 했다지만 상사의 지시를 수행하며 근근이 버텨온 세월이 아니었던가. 이제 남은 얼추 30년은 자유와 해방을 만끽하며 가난한 마음으로 자연의 섭리에 순응하면서 살자. 사회적으로도 보탬이 되는 일종의 존재론적 성찰을 하면서 살아야겠다는 바람이었다. 물론 문예활동이나 언론사 생활, 시국사건 참여로 소신을 펴본 적도 있었지만, 여전히 여윈 가슴엔 응어리로 남아 있는 무엇이 있었다.

오전 9시께 이미 화정동 가톨릭평생교육원에는 보성으로 가는 '생명과 평화의 밀밭 걷기' 버스가 대기하고 있었다. 차창 밖은 모내기 철을 맞아 넉넉히 물을 댄 논들이 푸른 못자리를 안고 생명으로 넘실거렸다.

가톨릭농민회 지도신부님과 우리농 사업 관계자, 세월호 진상규명 활동가, 농민회 회원들과 자녀들이 차례로 소개 인사를 했지만 여섯 달째 의식 없이 서울대병원에 누워 있는 백남기 농민을 생각하면 다들 마음이 무거웠다.

"국가폭력 책임자를 처벌하라! 백남기 농민 살려내라!"

행사 안내 전단에는 이날 행사를 설명하는 취지가 실려

백남기 농민이 가꾼 밀밭에서 '생명과 평화의 밀밭 걷기'를 하고 있는 사람들.

있었다.

"서울에 올라오기 하루 전 심은 밀은 무럭무럭 자라 수확을 앞두고 있지만, 백남기 님은 수확의 기쁨을 누리지도, 고향 땅을 밟지도 못한 채 6개월 동안 중환자실에서 사경을 헤매고 있습니다. 백남기 님을 잊지 않고, 당신 밀밭에 뿌려놓았던 생명과 평화의 메시지를 함께 되새기는 자리를 마련하고자 합니다."

K는 순간 지난해 11월 14일 서울 광화문광장에서 열렸던 민중총궐기대회 영상을 생생히 떠올렸다. 행사가 끝나

갈 무렵 한 노인이 뚜벅뚜벅 경찰 바리케이드 앞으로 걸어 나갔다. 순간 직사포에서 폭포처럼 내뿜는 물벼락은 허깨비 같은 그를 아스팔트로 쓰러뜨렸다. 일흔의 촌노는 이렇게 자신의 생명과 안전을 내맡긴 국가의 폭력에 희생되어 이후 다시는 일어서지 못했다.

이날 참가자들은 그가 파종하고 보지 못했던 우리밀 밭을 그의 분신으로 맞이했다. 그리고 아무런 의식도 없이 병상에 누워 있는 그 대신 어루만지고 두 눈에 담고 또 담았다. K에게는 이날 행사가 밀밭과 한몸인 죽음 앞의 백남기 농민에게 고향의 봄바람을 불어넣어준 씻김굿으로 다가왔다.

K는 그를 1990년대 우리밀살리기운동이 시작될 즈음 처음 만나, 2년 전 영광 가는 길목 송산유원지에서 열린 우리밀 축제 행사 때를 마지막으로 몇 번 본 적이 있지만, 그의 인생사를 모르고 있었다.

늘 미소 지으며 소탈한 말씀이 전형적인 시골 아저씨였다. 농민운동가답지 않은 조용하고 소박한, 살아 있는 자비와 사랑의 얼굴을 찾으라면 그를 꼽았을 것이다.

K는 첫 사고 뉴스에서 그가 보성농민회 소속이라는 말을 들었을 때는 다른 분으로 착각했으나 곧 사진이 나오

고 그의 삶이 소개됐을 때의 충격과 울분을 잊을 수가 없었다.

광주서중, 광주고등학교 졸업, 중앙대 행정학과 재학 시 유신 치하 민주화운동으로 2회 제적, 천주교 수도원 수도사 생활, 1980년 서울의 봄에 총학생회 부회장, 5·17 비상계엄 시 체포 징역형으로 또 퇴학, 귀향 후 1986년 가톨릭 농민회 가입……

보성 웅치면 부춘마을은 백남기 농민이 9대째 이어 살아온 마을이다. 이날 부인 박경순 여사와 막내딸 백민주화 씨가 병상을 뒤로한 채 집으로 내려와 보성군 농민회원들 도움으로 우리밀 국수와 막걸리를 대접하느라 분주했다. 서울과 경북 등지에서도 2대의 버스가 도착해 주인 잃은 농기구와 울리지 않는 농악기를 어루만지고, 잡풀이 무성한 마당에 둘러앉아 이 화창한 봄날에 멀리 병상에서 사경을 헤매고 있는 그를 회고했다.

부인의 말대로 그는 경제 점수는 빵점이고 도덕 점수는 백점이었을 것이다. 농사도 돈 되겠다 싶은 것은 안 하고 풀 나면 동네 전체를 예초기로 베어주고 형사들이 들락거려도 얼굴 한번 붉히지 않고 대신 고생한다고 덕담을 건네던 그였다.

섬김과 배려가 몸에 밴 농심으로 풍물 치기를 즐겼고 누구라도 집에 오면 막걸리를 내놓고 얘기하기를 좋아했다.

어쩌면 백남기 농민은 그날의 사고를 피할 수도 있었다. 같은 날 군내 환경 살리기 행사가 있어 가기로 했는데 절친한 농민회 후배가 '형님 서울 한번 다녀옵시다'는 청에 서울로 방향을 틀었다. 지난 대선 때 쌀값 보장 공약을 대통령이 지키지 않아 일차적으로 이를 항의하는 대열에 동참한 것이었다. 함께 가자고 했던 보성 후배는 광화문광장의 어수선한 마지막 해산 분위기에서 끝까지 노인네를 챙기지 못한 자신을 자꾸만 후회하며 몸 둘 바를 몰랐다.

K는 오늘 이 밀밭에 백남기 농민도 영혼으로 함께 걷고 있다고 생각하고 그에게 더 가까이 다가갔다. 나이는 10년 연상이지만 폭압의 유신 시대와 1980년 5·18, 그리고 군부독재 시절을 동시에 살았다. 세 번의 제적과 투옥, 임마누엘 세례명으로 가톨릭 입교와 수도사 생활, 그리고 귀향과 농민운동.

그는 시대의 염원을 담아 세 자녀의 이름을 지었다. 큰딸 백도라지, 아들 백두산, 막내딸 백민주화. 그는 아들이 또 생기면 농자천하지대본을 따서 백대본으로 하려 했단다. 민족의 전통과 시대의 아픔을 되새기며 얼마나 간절히 염원했으면 자식들 이름에 오로지 그 희망을 아로새긴 것일까.

순박하고 돈을 몰랐던 그는 수도사 생활을 접고 귀향하여 땅과 숲, 들판에 영육을 맡겼다. 자연과 생명의 섭리를 따르고자, 핍박받는 농민과 함께하고자 하는 정의와 평화에 대한 갈망이었을 것이다. K는 그가 애써 실천해온 우리밀살리기운동이, 바로 오늘 푸르른 이 밀밭이 이를 함축해 말해주는 것으로 생각했다.

우리 농업은 공산품 수출과 외국 농산물 수입에 밀려 천덕꾸러기가 된 지 오래다. 농촌은 이농과 고령화로 폐허가 되고 마을공동체는 이제 그림 속에만 남아 있다. 신성한 농토도 천민 자본의 투기 제물이 되어 경자유전은 옛말이 돼버렸다.

그는 아예 씨앗마저 사라진 우리밀 종자를 전국을 누비며 구해 고향을 넘어 전남 여러 곳으로 경지면적을 확대하고, 가공 공장과 유통에 힘써 자급률을 올리는 데 앞장섰다. 좀 더 수익이 나는 농작물도 있지만, 자신이 먼저 야산을 개간해 밀밭을 넓혀왔다. K는 그가 가톨릭 신자였기에 우리밀에 대한 애착과 소명의식을 더해갔으리라 짐작했다. 그리스도 몸의 현현으로서 우리밀로 빚은 성체를 나눌 때 자신의 밀 농사는 바로 신앙이고 하느님의 선물이었으리라.

K는 이날 멀리 네덜란드에서 꼬맹이 아들과 남편을 데리고 고향 집에 온 민주화 씨를 볼 수 있었다. 담양 한빛고 동창인 두 여자친구는 연신 눈물 바람인 민주화 씨를 주화라 부르며 한순간도 친구와 가족을 떠나지 못했다.

"우리 아버지는 나쁜 사람도 아니고 일반 국민이자 농촌의 평범한 농민입니다. 물대포를 조준 살수하는 끔찍한 방법으로 20초 만에 뇌사상태에 치달았음에도 아무 말이 없습니다. 정상적인 국가인지 의심스럽습니다."

K는 민주화 씨의 눈물로 젖은 마루 위 천정에 단정하게 나란히 걸린 세 개의 가훈 같은 액자를 바라보았다.

'心淸事達' '欽崇天主' '保家孝友'

한학자 할아버지가 쓰셨다는 글귀처럼 하늘을 우러러 깨끗한 마음으로 가족을 지키고 이웃에 대한 사랑으로 살고자 했던 이 가족에게 오늘의 현실은 너무나 가혹했다.

푸른 밀밭을 걸으며 난 K에게 물었다. 농민의 자식으로 태어난 넌 안녕히 잘 살고 있냐고. 어디에 있었고 무엇을 생각했으며 앞으로 어떻게 살고 싶은가…… 결국 물음은 나에게 되돌아왔다.

나는 밀밭을 떠나며 농민 형제들이 걸어놓은 현수막의 저 소박한 소원이 꼭 이루어지기를 빌고 빌었다.

"형님! 언능 인나서 밀밭에서 막걸리 한잔하셔야죠."

평범한 농부,
백남기 님을 기억하며

김수미

1991년 여름, 대학 동아리에서 전남 보성군 웅치면으로 농촌활동을 갔습니다. 서울에서 머나먼 전라도 땅까지 갈 수 있었던 데에는 가톨릭농민회에서 일하셨던 웅치면 이장님의 도움이 컸습니다. 그분은 당신의 마을에서 우리가 진료와 봉사활동을 할 기회를 주선해주셨습니다. 그때의 시간은 우리에게 땅과의 연결, 사람과의 연결을 경험하게 한 소중한 기회였습니다. 그 마을의 이장님 덕분에 마을 전체와 이방인 학생들이 유대감을 가질 수 있었으니까요.

그때 그분은 40대 중반의 차분하고 조용한 분이셨습니다. 우직하게 농사일을 하면서, 도시와 농촌의 구별 없이 사람들 간의 연대를 귀하게 여기셨습니다. 그분은 우리가 머무는 동안 매일 숙소를 조용히 찾아오셔서 부족한 것은 없는지, 도울 것은 없는지 살펴주셨습니다. 또한 농활을 간 학생들과 마을 사람들의 친교를 위해 마을잔치까지 열어주셨습니다. 수년 지속된 웅치면에서의 봉사활동은 말이 봉사활동이지 우리가 봉사를 받고 온 시간이었습니다.

그분의 집 툇마루에서 막걸리를 함께 마시며 노래도 부르고 많은 이야기를 나눈 기억이 납니다. 그분과 우리가 꿈꾸던 '함께 잘사는 세상'을 향한 소박한 꿈들에 대해…… 나는 이런 분들이 농촌을 지켜주시니 참 다행이고 고맙다는 생각이 들었습니다.

당시 40대 중반이셨던 그분은 과거의 활동 이력과 달리 참 조용한 분이셨습니다. 물대포에 쓰러지신 뒤에야 알게 된 그분의 과거 활동(학생운동이나 민주화운동) 이력들은 그때는 몰랐습니다. 전혀 내색하지 않으셨거든요.

그분은 조용한 카리스마가 느껴지는 분이셨습니다. 전혀 위협적이지 않은 온순한 그분의 모습에서 강함이 느껴졌습니다. 그분은 전혀 폭도가 아니었고, 그저 농촌을, 농촌 속에서의 인간다운 삶을 지켜나가고자 하는 평범한 농군이셨습니다. 그런 분이셨습니다. 저에게 기억되는 백남기 님은.

2015년 11월, 서울 한가운데, 민중총궐기대회에서 어느 농민이 쓰러졌습니다. '경찰'이 쏜 '물대포'에 맞아서. 피해자가 전남 보성에서 상경한 농민이라는 소식이 들리자 머릿속에 스치는 사람이 있었습니다. 설마설마했는데 그분, 그분이었습니다. 대학생 농촌활동 때 물심양면으로 우리를 보살펴주시던 그분, 백남기 이장님.

쓰러져 의식불명인 이장님을 직접 뵙지도 못하고, 한 가닥 희망만을 기대하며 서울대병원 중환자실 앞을 맴돌았습니다. 24년 만에 뵙는 백남기 님의 사모님, 청천벽력 같은 상황을 감내하고 버티시는 사모님이 눈에 밟혔습니다.

백남기 님이 서울대병원 응급실로 실려 간 다음 날, 가족들은 백남기 님에 대한 어떤 소식도 듣지 못했습니다. 수술실에서, 중환자실에서 무엇이 어떻게 진행되고 있는지, 생명이 위태로운지, 전혀 알 수 없었습니다. 아무도 그들에게 소식을 전하지 않았습니다. 한 집안 가장의 생명과 건강 여부를 나머지 가족이 알 수 없다는 것, 그것은 말도 안 되는 상황이었습니다. 가족들은 급박하게 돌아가는 그 상황에서 완전히 소외되고 배제되었습니다. 가족의 건강 상황을 알 권리가 왜 그들에게는 지켜지지 않았을까요?

그런 와중에 제가 할 수 있는 것은 가족들이 외롭지 않게, 쓰러지지 않게 옆에서 사모님의 마음을 지지하고, 이야기를 들어드리면서 함께하는 것, 그저 그것이었습니다. 가족들에게 그분들만의 외로운 시간이 아니라는 것, 누군가 함께한다는 것을 알리고 싶었습니다.

사모님과 가볍게 점심을 먹은 후 병원 길을 걸으면서 사모님과 백남기 님의 첫 만남과 결혼, 그리고 함께했던 시간들을 들었습니다. 수십 년을 그렇게 함께 살아온 남편이 낯선 병원 중환자실에서 기약 없이 누워 있는 그 고통스러운 상황을 사모님은 하루하루를 감내하고 계셨습니다. 저 역시 사모님이 부군을 기억하면서 하루하루 버티시기를 바랐습니다. 그 끝이 어디인지 모르지만 그래도 한 가닥 희망을 가지고.

2016년 9월, 백남기 님, 우리의 이장님이 1년 가까운 투병 끝에, 끝내 돌아가셨습니다. 가족과 우리의 간절한 희망을 뒤로한 채. 너무 오래 고통받으셨고, 너무 오랫동안 외롭게 계셨습니다. 사람들과 '함께'하는 것을 지향하셨던 그분은 중환자실에서 홀로 쓸쓸히 가셨습니다. 그것이 그분을 생각할 때 아직도 마음을 쓰라리게 하는 기억입니다.

더욱 화가 나는 것은 세상이, 백남기 님의 가족들이 그분을 충분히 애도하지 못하게 막은 것이었습니다. 사망 원인과 부검을 둘러싼 논쟁들. 한 시골 농민의 순수한 외침은 매도당했고, 정쟁들만 남았습니다. 인간 백남기와 그 가족들은 소외되었고 유가족으로서의 존중도 받지 못했습니다.

많은 사람들이 부검 반대를 외치는 선언문과 서명을 발표했고, 저 역시 그 외침에 함께했습니다. 그렇게라도 백남기 님과 가족들을 위로하고 싶었습니다. 이 혼란 속에서 혼자가 아님을 알려드리고 싶었습니다.

2021년 11월, 백남기 님이 물대포에 쓰러지신 지 6년, 이 세상을 떠나신 지 5년 가까이 됩니다. 아직도 가끔 그분의 모습, 물대포에 쓰러지신 뒤의 그 모습이 아니라, 그 옛날 보성군 웅치면에서 뵈었던 시골 이장님으로서의 그분의 모습이 기억납니다. 그리고 지금 더욱더 그분의 이야기를 듣고 싶습니다. 이야기하기를 참 좋아하셨는데…… 아직도 해주고 싶은 이야기가 많으셨을 텐데…… 많이 궁금합니다. 그분이 겪은 엄혹한 시대는 어땠는지, 그 시대에 어떻게 신념을 버리지 않고 곧게 가실 수 있었는지. 그리고 서울대병원 중환자실에서 그렇게 오랜 기간 누워 계시면서 어떤 생각을 하셨는지, 여쭙고 싶습니다. 그리고 그분의 수줍은 웃음을 한 번 더 보고 싶습니다.

백남기 이장님, 지금 계신 그곳은 평안한가요? 누구와 이 세상 이야기를 나누고 계신가요? 오랜 기간의 힘든 병원 생활, 고생 많이 하셨습니다. 짧은 시간 보여주셨던 아름다운 인간의 모습, 감사합니다. 그리고 그립습니다.

3장 —

백남기는 우리에게

마땅히 해야 할 일

박경득

처음 이름을 알게 된 건 '외과계 중환자실 백남기(M/68)'라는 환자 명찰을 보았을 때였습니다. 당신은 서울대병원을 거쳐간 수많은 환자 중에 영원히 잊을 수 없는 이름이 되었습니다.

2015년 11월 14일, 저도 그날 거기에 있었습니다. 그렇지만 당신처럼 맨 앞으로 나가지는 못했습니다. 물대포와 최루액이 쏟아지던 그 상황은 영화 속 장면처럼 현실감이 없었지만, 본능적인 공포가 모래주머니처럼 매달려 있었습니다.

많은 사람이 다쳤고, 부상이 심각했던 한 농민이 서울대병원 응급실에 간 사실을 알게 되었습니다. 농민들이 지고 온 상여가 물대포에 부서지고 바닥에 쌀알이 흩어져 최루액 거품과 함께 흐르던 장면이 떠올랐습니다. 신경외과 과장인 백선하가 당신의 담당 교수를 자처하게 된 과정과 그 뒤의 악마 같은 계약들을 당시에는 알 수 없었지요. 긴 수술 후에도 당신은 깨어나지 못했고 그렇게 중환자실에서의 시간이 시작되었습니다.

서울대병원 앞에 천막을 쳤고 사람들에 의해 천막이 들리는 것이 매일의 일상이 되었어요. 천막에는 할아버지들이 계셨는데 할아버지들과 같이 구호를 외치고 노래를 부르는 것이 낯설고 신기했어요. 보수집회에서나 볼 수 있었던(그래서 미웠던) 백발의 어른들이 그렇게 인간적으로 느껴진 적은 처음이었죠. 천막에서는 날마다 농촌에서 보내온 감자, 고구마, 떡과 우리밀 음식들을 내어주셨는데 당신이 그렇게 애틋하게 키워낸 우리밀 빵을 먹을 때는 목이 메어서 잘 넘어가지 않았습니다.

중환자실에서 외상 부위가 부어올라 제대로 봉합도 하지 못한 채, 10개월이나 보낸 후 당신은 세상을 떠났습니다. 당신의 숨이 얼마 남지 않았다는 것을, 경찰 병력 수천 명이 병원에 깔리는 것을 보고 알았습니다. 병원 설립 이후 이렇게 유례없는 공권력 투입을 보면서, 살아 있던 당신을 지키지는 못했지만, 시신이라도 지켜야 한다는 결의를 했던 것 같습니다. 경찰 병력이 무시무시하게 왔지만, 시민들도 지지 않았습니다. 매일 장례식장 앞에서 촛불로 밤을 밝혔습니다.

사망진단서가 '병사(病死, 병으로 죽음)'로 작성된 것은 충격이었습니다. 시민을 지켜야 할 공권력이 시민을 죽였고, 환자를 지켜야 할 공공병원이 환자를 상대로 두 번째 살인을 저질렀습니다. 당신을 보내고 이틀 뒤 서울대병원 노동자들은 파업에 돌입했습니다. 파업 조합원들은 박근혜 노동법 개악, 공공기관 성과급제 도입을 반대하고 병원 측에 사망진단서 정정을 요구했습니다. 그러나 국정농단의 핵심에서 최순실-이임순-김영재와 얽혀 있던 병원장은 진단서를 바로잡지 못했고, 서울대병원 노동조합이 유가족과 국민에게 대신 사과를 할 수밖에 없었습니다.

"진료부원장 신찬수 교수, 주치의 백선하 교수와 상의해 사망진단서 작성."

신경외과 전공의는 병원 전산시스템에 이렇게 입력해 두었습니다. 할 수 있는 최선이었겠지요. 전공의 혼자서는 엄두도 못 낼 용기를 낼 수 있도록 투쟁이 필요했습니다. 서울대병원과 함께 파업에 들어갔던 철도 노동자들이 겨

2016년 10월 6일 서울대병원 노조가 서울대병원에서 대국민 사과 기자회견을 열었다.

울까지 파업을 이어갔고, 국정농단의 진실이 밝혀지면서 파업 집회는 거대한 촛불시위로 번졌습니다. 당신이 참여했던 2015년 11월 14일 집회에서부터 외쳤던 "박근혜 퇴진" 구호를 수백만 명이 함께 외쳤습니다. 그리고 결국 대통령도, 사망진단서도 바꿔냈습니다.

서울대병원 노동자들은 당신이 있는 동안, 그리고 떠나시고 나서도 당신의 이야기를 합니다. 너무 화가 났고 죄송했습니다. 그래서 시신이라도 지키고 싶었던, 당신의 죽음을 규명하는 마지막 공문서를 바로잡고 싶었던 소망이 있었습니다. 차가운 물대포를 맞고 얼음장 같은 바닥에 쓰러진 당신의 마지막을 조금이라도 따뜻하게 해드리고 싶었습니다.

11월 14일, 그 야만적인 영상을 볼 때마다 당신에게 정말 묻고 싶었습니다. 왜 그때 앞으로 걸어 나가셨어요? 어떤 마음으로 그 무서운 상황에서 맨몸으로 걸어 나가서 그렇게도 힘껏 밧줄을 당기셨나요? 그렇게 당긴다고 경찰버스가 넘어오지 않을 거란 걸, 우리가 차벽을 넘을 수 없을 거란 걸 당신도 아셨을 텐데요.

그 답을, 따님의 인터뷰에서 찾았습니다.

"아빠는 세상의 영웅이고픈 사람이 아니야. 마땅히 해야 할 일을 한다고 생각하고 행동하는 사람이지."

그렇게 열심히 당겨서 만들고자 했던 세상은 오고 있는 걸까요? 당신의 뒤를 이어서 밧줄을 당기고 있는지 돌아봅니다. 억울하게 희생된 피해자가 아니라 뚜벅뚜벅 걸어 나간 그 걸음으로 당신을 기억할게요. 이길 것 같아서 싸우는 것이 아니라 부당하기 때문에 싸운다는 오래된 이야기를 지켜가며, 당신처럼 품격 있게 살 수 있기를 바라고 노력할게요. 마땅히 해야 할 일을 하는 것인지 물어가면서요.

같이, 의사의 길을
묻습니다

이보라

백남기 농민이 돌아가신 후 나는 진료를 마치고 퇴근하면 돌아가신 그를 위해 장례식장으로 다시 출근해야 했다. 물론 백남기 어르신과의 관계는 살아 계실 때부터 시작되었다. 2016년 4월 즈음이었던 것 같다. 서울대병원 중환자실 앞에서 부인과 따님을 만나고, 가족들이 주신 의무기록 사본을 확인하고, 지인으로서 중환자실 면회도 한 번 했었다. 최대한 많은 정보를 확인하기 위해 어르신의 얼굴보다 모니터의 그래프와 인공호흡기 세팅, 주입되고 있는 수액과 주사 약물들의 종류와 속도를 파악하기 위해 노력했던 기억이 난다.

중증의 외상성 뇌출혈 환자였던 백남기 어르신을 서울

대병원은 정말 최선을 다해 살리고 있었다. 만약 어르신이 일반 환자였다면 소생 가능성이 없기 때문에 서울대병원 중환자실에서 진작에 쫓겨났을 것이다. 하지만 그들은 정말 최선을 다해 어르신을 살리고 있었고 나중에 전체 의무 기록을 다 받아보니 몇 차례 위험한 고비가 있었지만, 서울대병원은 여러 과와 협진을 하며 의식이 돌아올 가망이 없는 환자의 사망 선언을 늦추기 위해 전력을 다한 흔적이 곳곳에 남아 있었다.

　어르신이 사망하기 전날 부검이 필요 없다는 의사 소견 서를 써달라는 부탁을 받았다. 서울대병원은 가족들에게 임종이 임박하니 병원에서 대기하라고 하면서 동시에 경찰에 연락하여 경찰은 사망하면 부검을 해야 한다고 통보한 상태였다. 가족들은 먼저 담당 의사인 백선하 교수에게 부검은 필요 없다는 소견서를 써달라고 요청했지만 거절당했다고 한다. 그래서 인도주의실천의사협회(인의협)에 의사 소견서를 요청하게 되었다. 내가 초안을 쓰고 인의협 회원인 신경외과 전문의 김경일, 신경과 전문의 이현의 선생님의 의견을 모아 9월 25일 오전에 '사인은 명확하므로 부검은 필요 없다'라는 내용의 의견서를 인의협 소속 전문의 3명의 이름으로 발표했다. 그날 오후 1시 58분 백남기 어르신이 사망하셨고 서울대병원은 병사라는 사망진단서를 발급했다.

이날부터 인의협은 두 가지 쟁점에 대응해야 했다. 첫 번째는 부검은 필요 없다는 것이고 두 번째는 잘못된 사망진단서 문제였다. 우선 인의협은 9월 26일 서울대병원의 병사 진단서의 잘못된 점을 지적하고 수정을 요구하는 내용의 의견서를 발표했다. 9월 27일 서울대병원 장례식장 앞에서 기자회견에도 참석하여 백남기 농민은 이미 2015년 11월 14일 살수차 직사로 인해 치명적인 두개골 골절과 뇌출혈이 발생했다는 의학적 증거가 충분하기 때문에 부검은 불필요하고, 사망진단서 역시 병사가 아니라 외인사로 수정해야 한다고 다시 한번 강조했다.

인의협은 가족들로부터 받은 서울대병원 의무기록과 영상자료 전체를 가지고 있었다. 우리는 모든 자료를 검토했고 특히 최초의 머리 CT 영상은 영상의학과 전문의 판독을 다시 받고 그 영상을 3D로 재구성했다. 그리고 수술기록지와 수술 전후의 머리 CT 영상 등도 여러 차례 검토하고 여러 회원의 자문을 받아 백남기 농민의 사고 직후 상태를 충분히 파악하고 있었다. 하지만 어쨌든 우리는 환자를 직접 진료한 의사가 아니었고 또 저들은 서울대병원 교수라는 권위를 가지고 있었기 때문에 인의협의 부검에 대한 주장이 크게 주목받지 못하는 것 같아 안타까웠다. 하지만 의외로 사망진단서 문제 때문에 해결의 돌파구가 열리게 되었다.

9월 27일 오전 장례식장 앞에서 열린 기자회견에서 내가 사망진단서가 잘못되었다고 발언을 하자 언론의 관심이 갑자기 사망진단서로 쏠리기 시작했다. 전 국민이 주목하고 있는 한 죽음의 사망진단서가 잘못되었다니 정말일까? 이런 즉각적인 반응이었던 것 같다. 다행히 사망진단서 문제는 의대생은 물론이고 일반인도 쉽게 이해할 수 있는 문제였다. 어떤 이유로든 외력에 의해 쓰러지거나 다친 사람이 회복하지 못하고 그대로 사망하면 병사가 아니라 외인사라는 것은 전 국민이 직관적으로 이해할 수 있기 때문이다. 오직 고명하신 서울대병원 교수님만 백남기 농민의 입원 수개월 후 발생한 비정상 혈액검사 수치들에 집착하며 병사를 고집했다.

연일 언론에서 잘못된 사망진단서 문제가 거론되자 9월 30일 서울대 의대 재학생 102명이 〈선배님들께 의사의 길을 묻습니다〉라는 제목의 성명서를 발표했고 10월 2일 서울대 의대 동문 365명이 〈후배들의 부름에 응답합니다〉

2016년 7월 31일, 인의협 의대생캠프 프로그램으로 당시 참가했던 의대생 10명과 농성장을 방문했다. 이 학생들이 이후 의대생 성명서 발표에 큰 기여를 했다.

라는 성명서를 발표했다. 다음 날 전국 15개 의과대학 학생 802명이 〈같이, 우리의 길을 묻습니다〉 성명서를 발표했다.

10월 14일 국회 보건복지위 국정감사에 서울대병원장 서창석, 신경외과 교수 백선하가 증인으로 출석했는데 나와 김경일 선생님도 참고인으로 출석하여 백선하 교수의 주장을 반박했다. 의사라는 사람이 양심을 저버리고 자신의 전문지식과 권위를 엉뚱한 방향으로 이용하고 사람들을 속이려 할 때 내가 그 오류를 지적하며 '맞짱'을 뜰 수 있는 의사 자격을 가진 사람인 것이 정말 다행이라는 생각이 들었다. 그때는 내가 이 일을 하려고 의사가 되었나보다는 생각이 들었다.

나는 백남기 농민 사건은 경찰이 살수차로 농민 한 명을 죽였고 의사는 이 살인사건을 은폐하려고 했던 사안이라고 생각한다. 경찰과 의사가 공모하게 만든 배후는 당연히 박근혜 정권이다. 정권, 경찰, 의사가 결탁하여 무고한 농민을 죽이고 병사라는 거짓 진단서로 얼버무리고 그것도 모자라 부검이라는 명목으로 부관참시를 하려는 것이라고 생각했다. 당시는 박근혜 정권이 멀쩡하게 통치하던 시기여서 백남기 어르신의 부검을 막기 힘들 것 같긴 했지만 최선을 다해 저항하자는 마음으로 부검 관련 사안, 사망진단서 관련 사안 등에 대해 언론 인터뷰가 들어오면 가리지 않고 취재에 응하고 SNS에도 글을 계속 썼다.

그 와중에 박근혜 정권이 무너져 내렸다. 10월 24일 소위 최순실 태블릿PC 사건이 터진 것이다. 10월 25일 부검영장 집행 만료 후 경찰은 부검 영장 재신청을 포기했다. 11월 5일 백남기 농민의 민주사회장이 진행되는 것을 보면서 나는 최전선에서 활동하면서 마음속으로는 결국 부검을 당할 수밖에 없을 것이라는 패배의식에 빠져 있던 나 자신을 반성했다. 11월 6일 광주에서 거행된 어르신의 노제에 참석하여 자기 죽음으로 후배들에게 승리하는 경험을 할 수 있게 해주신 어르신께 진심으로 감사드렸다. 이후 매주 진행된 촛불집회에 참석하면서 한 정권이 무너져 내리고 다른 정권으로 교체되는 역사적 현장을 지켜보게 되었다.

일반적으로 의사계급 혹은 보건의료운동은 한국 사회 운동의 주요 세력은 아니며, 의사계층은 오히려 권력과 결탁하는 기득권층으로 간주한다. 그러나 의사라는 직업의 본질적 임무와 성격이 사람의 생명을 살리고 양심에 따라 행동한다는 점에서 의사는 기득권들의 결탁에서 가장 약한 고리가 될 수 있다. 그리고 인의협 등 의식적인 의사들이 이 결탁에 파열구를 냄으로써 역사 발전의 속도를 빨라지게 할 수 있다. 백남기 농민 사건은 인의협의 활동으로 의사가 어떻게 사회 운동과 역사 발전에 기여할 수 있는가를 보여준 전형적인 사례였다고 생각한다. 백남기 농민 추모 5주기를 맞아 인의협이 전문성과 외연을 확장하면서도 시민사회 단체와 함께 대중의 편에 서는 의사 조직으로 거듭나기 위해 더 열심히 노력하겠다고 다짐해본다.

촛불혁명의 서막을 열다

이정일

광장은 생명과 평화를 나누는 절대 공간

사람은 만나야 산다. 만나서 서로의 이야기를 나눠야 한다. 나눌 때 살아 있음을 느낄 수 있다. 생명을 느낄 때 평화의 주인이 된다. 광장은 여럿이 자유롭게 만나서 자신의 것을 나누고, 같은 생각을 같은 목소리로 외칠 수 있는 열린 장소가 될 때 광장으로서의 의미가 완성된다. 우리 헌법이 집회의 자유를 보장하는 이유는 한 공동체의 생명과 평화를 바라는 시민의 자유로운 외침을 보장해서 한 걸음 더 나아가기 위해서다. 열릴 것 같지 않던 광화문광장을 고 백남기 농민은 추모하는 많은 시민과 함께 열었다.

박근혜 정부 이후에 처음으로 열린 광화문광장 영결식장에 울려 퍼진 "삼천만 잠들었을 때~ 진리를 외치는 형제들 있다"라는 〈농민가〉를 따라 부를 때 정말 가슴이 벅차고 감동이 차올랐다. 이렇게 열린 광화문광장은 촛불혁명의 광장이 되었다. 생명과 평화의 광화문광장을 열어주시고 고 이한열 열사 옆으로 가셨다. 1987년 민주혁명의 서막을 열어주신 열사가 고 이한열 열사라면, 2016년 광화문 촛불혁명의 서막을 열어주신 분이 고 백남기 농민이시다. 얼마나 오묘한 일인지, 두고두고 감사할 일이다.

고 백남기 농민 변호단 단장을 맡다

고 백남기 농민 변호단 단장을 맡게 된 것이 결코 우연은 아니었으리라. 서울대병원 중환자실에 찾아간 시간은 2015년 11월 14일 저녁 8시경이었다. 민변(민주사회를위한변호사모임) 변호사들도 시청역 근처에 있다가 물대포에 시민이 사망했다는 또는 농민이 의식불명 상태에 빠져 서울대병원으로 이송되었다는 소식을 듣게 되었다. 민변 사무총장 조영선 변호사는 큰 시국 사건이 될 것이라고 직감했다고 했다. 조영선 변호사는 서울대병원에서 집이 가깝다는 이유로 나에게 같이 가자고 했다. 조영선 변호사가 서울대 중환자 대기실에서 가족을 면담하고 방문하는 사람을 만나는 동안, 나와 송아람 변호사는 고 백남기 농민의 사고 경위를 정리했다. 물대포에 다친 사람이 속출하여 처음에는 백남기 농민에 대한 정확한 사건 경위를 파악하기 쉽지 않았다. 고 백남기 농민의 외상성 경막하출혈에 관한 뇌수술이 진행된 후인 새벽에 짧은 언론 브리핑이 있었다. 향후 대응에 대해서는 이른 아침 8시경 언론 브리핑이 예고되었다. 바로 직후에 《공무원U신문》 김상호 기자가 우리를 찾았다. 김 기자는 고 백남기 농민 바로 옆에서 물대포에 직사로 맞아 쓰러지는 장면을 찍었고, 쓰러진 백남기 농민을 안전한 곳으로 옮겨 응급 조치를 했다고 했다. 김 기자가 보여준 사진으로 고 백남기 농민이 직사로 쏜 물대포의 충격으로 코와 입가에 피가 나는 등 외상성 경막하출혈로 볼 수 있는 상황을 초시간 단위로 정리할 수 있었다. 사실관계가 정리될 즈음에 날이 밝았다. 이렇게 정리된 사실은 시종일관 국가폭력의 기초 사실로 인정되었다. 아침에 돌아갔다가 출근하자마자 물대포 직사 살수 행위를 지시하거나 직접 수행한 경찰청장, 서울지방경찰청장, 살수차 담당 경찰관을 미필적 살인죄로 고소장을 접수했다.

고소장을 접수하는 역할로 끝날 줄 알았는데, 고 백남기 농민 변호단 단장을 맡게 되었다. 단장은 처음이었고, 많은 언론의 관심을 받아 상황 하나, 하나가 부담이었다. 부검 영장 국면에서는 모든 순간이 긴장의 연속이었다. 민변 변호사들이 당직을 서며 저녁 늦게까지 비상 대기를 해주었다. 시민들과 농민단체 형제들도 서울대병원 장례식장을 지켜주었다. 가족들도 의연한 모습을 보여주었다. 이런 힘들이 모여 부검 영장 집행을 막아냈다. 직사 살수 행위를 한 경찰공무원은 기소되어 유죄 판결을 받았다. 물대포로 직사 살수하는 행위가 시민의 생명과 집회의 자유를 침해하는 국가폭력이라는 것을 국제적 연대를 통해 확인했다. 경찰은 집회 현장에 살수차를 사용하지 않겠다고 선언했고, 헌법재판소도 물대포의 직사 살수 행위가 위헌임을 확인해주었다. 광장에 살수차가 사라지게 되었다. 국면마다 고 백남기 농민이 평생 품으신 생명과 평화의 뜻이 늘 도움을 주었던 듯하다. 나는 민변 고 백남기 변호단의 단장으로 함께했던 것을 영광으로 생각한다.

당당함과 의연한 모습 보여준 가족

민변 변호사 한 분이 젊은 날에 보성으로 농활을 간 이야기를 들려준 적이 있다. 대학 때 농활을 갔는데, 아버지가 딸에게 지어준 이름이 '도라지' '민주화'였다는 것이었다. 매우 인상적이어서 오랫동안 기억에 남았다는 것이다. 모든 것은 아니었지만, 딸의 이름만으로도 고 백남기 농민에 대해서 많은 것을 느낄 수 있었다. 역사적인 물꼬 한가운데 선 사람을 위해 변호 활동을 하는 데 가장 큰 힘은 신뢰이다. 그리고 고통 앞에 선 가족들의 의지를 최대한 존중하는 변호 활동이어야 끝까지 함께할 수 있다. 민변 변호사들이 돕고자 해도 가족들이 원치 않으면 서로 도움을 주고받을 수 없다. 아마 백남기 농민이 쓰러진 첫날 서울대병원 중환자실, 선종하신 2016년 9월 25일 오후와 저녁, 부검 영장이 발부된 날과 집행을 위해 종로경찰서 담당자의 몇 차례 방문 때 아마도 가족들은 최종 결정을 해야 할 순간들이었을 것이다. 그 순간마다 가족분들이 보여준 당당함과 의연함은 민변 변호사들에게 큰 힘을 주었다. 가족들이 보여준 모습이 선종하신 날부터 부검 영장 집행 기간까지 2시간씩 시간을 정해 당직 변호사로 밤늦게까지 함

서울대병원에서 백남기 농민 변호단과 유가족.

께했던 힘이 되었다. 법원의 조건부 부검 영장 집행을 막아낼 수 있었던 힘도 가족분들의 당당함과 의연함 때문이었을 것이다. 민변 변호사들은 서울중앙지검이 부검 영장을 신청했다는 이야기를 듣고 급하게 의견서를 만들어 새벽에 법원에 제출했다. 종로경찰서에서 부검 영장 집행을 위해 서울대병원으로 온다는 이야기를 듣고 민변 변호사들은 즉시 집결했다. 모두 가족분들의 신뢰가 있었기 때문이었다.

이명박 정부와 박근혜 정부 들어 민변 변호사들은 공익

관련 사건을 많이 맡을 수밖에 없었다. 지키고자 했던 법적인 권리를 지키지 못했다. 그러나 고 백남기 농민에 대한 부검 영장의 집행을 지켜내는 데 민변 변호사들이 한몫을 보탰다. 승리의 기억은 민변 변호사들에게 큰 자부심을 심어주었다. 이후로도 고 백남기 농민 관련 사건은 좋은 결과를 얻었다. 그래서 고 백남기 변호단 단장으로서 가족분들에게 늘 감사드리는 마음을 가지고 있다. 병사라고 기재되었던 사망진단서를 외인사로 기재된 사망진단서로 받았을 때는 정말로 기뻤다. 더불어 고통에 있는 가족 앞에서 눈썰매로 조롱하는 행위에 정말로 분노할 수밖에 없었다.

생명과 평화가 더 퍼져나가길 꿈꾸며

"우리가 백남기다"라고 외칠 수 있었던 힘이 어디에서 나왔을까 생각해본다. 고 백남기 농민이 우리밀을 가꾸며 생명과 평화를 꿈꾸었던 힘은 어디에서 나왔을까 생각해본다. 아직 답을 찾지 못했다. 올해 2월에 태국 변호사 단체에서 고 백남기 농민 변호단 활동의 경험담을 들려달라는 요청을 했다. 그리고 미얀마에서는 민주화를 위한 시민들의 투쟁이 있고, 생명의 위험을 무릅쓰고 계속 싸우고 있다는 소식도 들린다. 고 백남기 농민이 우리밀을 심고 생명과 평화를 꿈꾸며 삽을 든 모습이 더 선했다. 생명을 일구는 사람은 모든 생명에 평화가 깃들기를 바랄 것이다. 이것이 고 백남기 농민의 평소 생각이 아니었을까 생각해 본다. 역사의 진보를 믿으며 물대포가 사라진 광장, 국가폭력이 사라지고 생명과 평화가 더 퍼져나가길 또다시 꿈꾸어본다. 밀짚모자를 쓰고 삽을 드신 백남기 농민을 생각하며.

수많은 백남기가
광장에 모이다

주제준

2015년 11월 14일

2015년 11월 14일, 광화문 근처는 아수라장을 방불케 했습니다. 박근혜 퇴진을 외치며 13만 명의 노동자, 농민이 청와대를 향해 행진을 시작했을 때, 경찰은 박근혜 정부 3년 동안 사용했던 최루액보다 더 많은 양의 최루액을 그날 사용했을 정도로 물대포를 쏘아댔습니다.

당시 민중총궐기 투쟁본부 정책팀장으로 있던 저는 속출하는 부상자들을 구급대에 연락하고, 신원을 파악하는 역할을 맡고 있었습니다. 그래서 수많은 사람이 경찰의 방패와 물대포 등 경찰의 폭력에 속절없이 다치는 상황을 목격했습니다.

저녁 7시 정도 되었을 겁니다. 제 옆에 있던 당시 전농 총장이었던 조병옥에게 급히 연락이 왔습니다. 전남에서 올라오신 농민 한 분이 물대포를 맞고 쓰러지셨는데 위독하다는 것이었습니다. 제가 서울대병원에 도착한 시간은 밤 11시가 조금 넘었습니다. 그때 쓰러진 농민이 보성에서 올라오신 백남기 농민이라는 말을 처음 들었습니다.

급하게 서울대병원 응급실에서 민중총궐기 투쟁본부 대표자들이 모여 대책 논의를 했습니다. 당시 두 가지 정도를 결정했는데, 대책기구를 구성하고 투쟁을 지속하자는 것과 법적 대응을 해야 한다는 것이었습니다.

다음 날 아침 긴급 기자회견을 잡아놓고, 급하게 기자회견문을 써야 했습니다. 그리고 대책기구 구성을 위한 논의를 했고, 서울대병원 입구에서 농성을 진행하기로 했습니다. 또 민변에 연락해서 법적 대응에 대해 논의해야 했습니다. 그때 급하게 달려오신 변호사님이 바로 이정일, 조영선 변호사였습니다.

11월 15일, 보수신문들에는 민중총궐기 참여자를 폭도로 내모는 기사들로 가득했습니다. 급기야 박근혜 대통령은 국무회의에서 우리를 중동의 테러리스트인 IS로 규정하는 말을 했습니다.

어디에도 왜 농민들과 노동자가, 빈민들과 도시 서민들이 엄동설한에 서울 한복판에 모이게 되었고, 물대포를 맞으면서도 왜 청와대로 행진을 하려 했는지 다루지 않았습니다. 농민들의 처절한 외침인 '개 사료값보다 못한 쌀값'에 대해서는 외면했고, 노동자의 외침인 '더 많은 비정규직, 더 쉬운 해고, 더 낮은 임금의 노동법 개악'에 대해서는 배제했습니다. '친일과 독재를 찬양하기 위한 역사 교과서의 국정화'에 대해서도 침묵했습니다. 이명박 정권부터 시작된 방송 장악과 언론 통제의 힘이었을 것입니다.

그 어디에도 우리의 목소리는 없었습니다. 국민이 아닌 '투명인간'으로, '폭도'로 내몰리는 현장에 놓이게 된 것입니다. 그래도 한 걸음 한 걸음 다음 행보를 해야만 했습니다. 대책회의가 구성되고, 서울대병원에 농성장을 꾸렸습니다. 다음 날부터 지역 농민들이, 노동자들이, 신부님들이, 수녀님들이 농성장에 방문해주었고, 백남기 농민 쾌유 기원 108배, 매일 미사 등의 행동을 지속했습니다.

동시에 2차 민중총궐기도 준비해야 했습니다. 우리의 목소리를 더욱 높여야만 했습니다. 그것이 바로 백남기 농민 쾌유를 기원하는 가장 빠른 길이라고 생각했습니다. 그때부터 전농 조병옥 총장, 전여농 김정열 총장, 가톨릭농민회 손영준 총장과 함께 대학로에 집을 얻었습니다. 바로 농성장입니다.

민주노총 한상균 위원장은 2009년 쌍용차 정리해고에 맞서 77일간 옥외 파업를 진행했고, 그 이유로 3년간 구속되어 수감된 바 있었습니다. 그리고 석방된 이후 또다시 쌍용차 국정조사 실시·해고자 복직 촉구를 요구하면서 171일간 송전탑 고공농성을 진행한 바 있습니다. 2014년 연말 민주노총 선거를 통해 당선된 한상균 위원장은 취임 일성으로 박근혜 정부와 민주노총은 같은 하늘 아래 살 수가 없다고 했습니다. 박근혜가 쫓겨나든 아니면 자신이 구속되든 하겠다고 했습니다.

박근혜 정부는 의도적으로 민중총궐기 투쟁의 폭력성을 부각하면서 눈엣가시 같던 민주노총과 농민들의 목소리를 막으려고 했습니다. 그 정점에 한상균 위원장이 있었습니다. 한상균 위원장은 경찰과 공권력을 피해 조계사로 도피했습니다. 박근혜 정권의 거센 압박에 조계사도 버틸 수 없었던지 사실상 한상균 위원장을 내쫓았고 조계사를 나오는 동안의 모든 상황은 언론에 생중계되었습니다.

2015년 12월 5일

민주노총 한상균 위원장이 구속되고, 박근혜 정권의 탄압은 더욱 거세졌습니다. 민주노총 지도부 수십 명을 구속하고 조합원 수백 명을 소환했습니다. 저를 포함해서 진보연대 간부들에게 소환장이 발부될 것이라고 알려졌습니다. 당시 상황으로는 소환장은 곧 체포영장이었습니다. 이제 집에 들어갈 수 없게 된 것입니다. 자연스럽게 대학로 집, 서울대병원 농성장에 제 짐을 풀어놓았습니다. 잡혀가도 여기서 싸우다 잡혀가야 한다는 생각밖에 없었습니다.

강신명 경찰청장은 백남기 농민을 내동댕이친 물대포에 대해 "경찰 살수차 운용에는 문제가 없다"라고 했고 모든 집회는 금지되었습니다. 심지어 마스크를 쓰고 폭력 시위를 한다며 복면 금지법을 만들겠다고 했습니다. 공포 그 자체였습니다.

절박했습니다. 우리의 목소리를 어떻게 해서든 내야 했습니다. 당시 민중총궐기 투쟁본부와 백남기 농민 대책위에 있는 저를 포함해서 조병옥(전국농민회총연맹 총장), 손영준(가톨릭농민회 총장), 김정열(전국여성농민회총연합 사무총장), 박병우(민주노총 대협 실장) 등이 시민사회단체연대회의 염형철 운영위원장(당시 환경운동연합 사무총장)과 이태호 공동운영위원장(당시 참여연대 정책위원장)을 만났습니다. 우리의 요청 사항은 명확했습니다. 민중 진영 어느 단체도 집회 신고가 안 되기 때문에 시민단체가 대신 집회 신고를 해달라는 것이었습니다. 집회를 열어달라고 한 것이죠. 집회를 연다는 자체가 위험한 상황에 부닥칠 수 있는데 당시 염형철 위원장은 저의 얘기를 듣고 첫마디에 그렇게 하겠다고 했습니다. 얼마나 고마운지 덥석 염형철 위원장의 손을 잡았습니다. 그리고 세부적인 논의를 진행했습니다. 그러나 안타깝게도 시민단체가 낸 문화제 방식의 집회 신고도 금지 통보를 받게 됩니다.

12월 5일 2차 민중총궐기를 하겠다고 발표했는데, 집회 장소를 잡을 수가 없었습니다. 그때 서울시가 소요 문화제로 광화문광장 사용 신고를 받아주면서 숨통이 트였습니다. 박근혜 정부가 민중총궐기를 소요사태로 규정한 것에 빗대어 '소란스럽고 요란한 문화제'로 2차 총궐기 명칭을 정했습니다. 박근혜 정부를 조롱한 것입니다. 이날 사회는 김정열 총장이 맡았습니다.

김정열 총장은 이날 "문화제 형식의 집회이기 때문에 구호를 외칠 수 없지만, 우리가 가진 악기로 뜨거운 열기를 보여주자"고 했습니다. 모두가 힘찬 박수로 환호했습니다. 무대에 올라선 백남기 농민의 딸 백도라지 씨는 "여러분 여기까지 추운 날씨에도 이렇게 나와주셔서 감사합니다. 오늘 아빠가 쓰러지신 지 벌써 36일째고 책임을 져야 할 사람은 누구도 사과하지 않고 있습니다"라고 외치며 "지금 사람의 목숨이 경각에 달려 있는데 어떻게 아무도 나타나지 않을 수 있으며, 아무런 말도 안 하는지 그게 너무 정말 억울하고 어이가 없고요. 그래도 저희는 일단 아빠가 일어나시기를 바라고 여기에 오신 많은 분의 기운을 받아서 아빠가 꼭 일어나실 거라고 믿습니다"라며 눈물을 훔쳤습니다. 참여한 분들도 마찬가지로 눈시울이 뜨거워졌습니다.

그즈음 많은 농민이 농성장을 방문했습니다. 저는 이렇게 모인 분들께 저녁 촛불 시간에 간략하게 정세를 얘기하고, 이후 투쟁에 관해 설명해드리곤 했습니다. 무슨 얘기를 했는지 세세히 기억할 수는 없지만 골자는 이런 내용이었습니다. "민중총궐기 전까지는 우리는 무대 밖에 있었다. 아무도 우리를 인정하지 않았다. 하지만 민중총궐기를 통해 우리는 드디어 무대 위로 올라왔다. 사람으로 치면 주민등록증을 발부받은 것이다. 이제 우리의 목소리를 더욱 키워야 하는 이유이기도 하다. 진실을 손바닥으로 가릴 수 없다. 지치지 않는다면, 끊임없이 투쟁한다면 승리는 우리 것이다."

지금 당장은 그 길을 찾을 수 없지만 우리는 승리의 길로 가고 있다고 반복했습니다. 어쩌면 이런 말들은 저에게 했던 말이기도 했습니다. 한 치 앞도 보이지 않는 상태에서 저에게 끊임없이 암시했던 것이죠.

당시 저는 지역과 단체에서 부르면 어디든 찾아가서 설명해드리고 간담회를 진행했습니다. 대체로 농민들은 강연 마치고 질문 시간에는 거의 말을 하지 않았지만, 뒤풀이에 가면 이런저런 이야기를 많이 하셨습니다. 뒤풀이 때 느낀 것이지만 농민들은 너무 아파하시고, 슬퍼하셨습니다. 백남기 농민은 보성에 사는 농민 한 사람이 아닌 이 시대를 사는 모든 농민의 상징이었구나 하는 생각을 그때 하게 되었습니다.

사실 아픔도 있었습니다. 어느 지역에 갔는데, 안면이 있는 농민이 술을 한잔하고는 "왜 되지도 않을 싸움을 시작해 백남기 어르신을 사경을 헤매게 했냐며, 민중총궐기 이후 무엇이 바뀌었냐"고 안타까워하시며 하신 말씀이 저를 너무 힘들게 했습니다. 뒤풀이를 마치고 마치 집에 돌아가듯 농성장으로 돌아왔습니다. 그리고 이 말은 조병옥에게도, 손영준에게도, 김정열에게도 전하지 못했습니다. 이분들이 더욱 아파할 것이란 걸 잘 알고 있었기 때문입니다. 적어도 이 말은 촛불항쟁이 시작될 때까지 제 어깨를 무겁게 했습니다. 이 글을 쓰면서 처음 꺼내는 얘기이기도 합니다.

2016년 9월 25일

그렇게 2015년 겨울을 농성장에서 보냈습니다. 어느 날 밤에 농성장에서 혼자 자는데 아침에 일어나니 모든 생수병이 부풀어 있기도 했습니다. 밤새 한파가 몰려와 천막 안에 있는 물이 모두 언 것이었습니다. 이런 농성장을 자기 집처럼 지킨 이가 바로 전농 최석환 국장님입니다. 대체로 여러 단체 활동가들이 순번제로 농성장을 지켰는데, 농성이 오래되면서 자주 펑크가 났나 봅니다. 이런 날이면 최석환 국장님이 지키게 된 것입니다.

2016년 봄날, 시간이 흐르면 잊힌다는 것이 무엇인지 알게 되었고, 조바심도 생겼습니다. 그래서 전국순례를 했습니다. 보성부터 서울대병원까지 도보순례를 진행했습니다. 제가 제안했습니다. 2014년 세월호 참사 대책위 정책팀장으로 있을 때, 안산에서 광화문까지 행진했던 것을 벤치마킹한 것입니다.

그래서 '국가폭력 책임자 처벌과 민주주의 회복 백남기 농민 살려내라 도보순례'를 진행하게 되었습니다. 2월 11일에서 2월 27일까지 16박 17일을 걸었습니다. 27일 마지막 날에는 중앙대에 집결해서 한강대교를 넘어 서울시청 앞까지 행진했고, 그 자리에서 진행되는 4차 민중총궐기 대회에 참가하게 되었습니다.

8월 18일부터 전국여성농민회총연맹이 새누리당 앞에서 국회 청문회 개최를 요구하는 농성을 시작했습니다. 백남기 대책위에서는 당시 국회에 백남기 농민 관련 청문회를 열 것을 지속적으로 요청한 바 있습니다. 2016년 4월 총선이 열렸습니다. 그때 여당이 180석 이상 얻을 것이라는 대체적인 언론의 분석을 뒤엎고 안철수 국민의당과 민주당이 과반의석을 얻게 됩니다. 여소야대의 국회가 만들어진 것입니다. 민중총궐기 투쟁의 정치적 성과라고 할 수 있었습니다.

이런 상황에서 박근혜 정부가 추가경정예산을 합의해

줄 것을 국회에 요청했고 민주당도 추경 합의 조건으로 백남기 농민 청문회를 포함 8개 요구 조건을 내걸었습니다. 조금만 버티면 청문회를 열 수 있었지만, 민주당은 '사안의 연관성'이 없다는 이유로 자신들의 요구를 스스로 포기하고 추경에 합의하고 맙니다. 한심하기 짝이 없었습니다.

이러한 때에 전여농이 새누리당 앞에서 농성을 시작한 것입니다. 김순애 회장님과 김정열 총장님 등 지도부가 단식에 돌입했습니다. 단식을 하면서 한여름 더위와 모기와 싸워야 했습니다. 그리고 곧이어 8월 25일 백남기 농민대책위 김영호 의장님 등 농민회원들과 세월호 유가족이 민주당사에서 단식농성에 들어갔습니다. 백남기 대책위는 백남기 농민 청문회를, 세월호 유가족은 세월호 특별조사위원회 조사 기한 연장을 각각 요구했습니다.

전여농 대회가 있던 8월 30일, 국회에서 여야의 백남기 농민 청문회 합의 소식이 전해졌습니다. 하지만 9월 12일 백남기 청문회에서 강신명은 백남기 농민에게 사과하기는커녕 "백남기 농민의 폭력행위가 있었다"고 주장하고, "(백남기 농민의) 밧줄 잡아당기는 행위가 폭력행위"라고 강조했습니다. 밝혀진 것은 없었고 강신명의 목소리만 높았던 자리였습니다. 경찰 지도부와 정권에서 면죄부를 준

청문회라는 얘기가 나왔습니다. 민주당 의원 누구도 강신명의 이런 태도를 지적하거나 반박하지 못했습니다. 너무나 한심한 작태였고 저는 분노했습니다.

9월 들어 손영준 총장이 여러 차례 김정열, 조병옥, 박병우, 주제준을 불러 백남기 농민이 일주일을 넘기기 어렵다고 했습니다. 그렇게 몇 주가 지나갔습니다. 그리고 경찰에서 백남기 농민이 돌아가시면 시신 탈취와 부검이 진행될 것이라는 얘기도 들려왔습니다.

9월 25일, 이날은 한국진보연대 하반기 수련회가 있던 날이었습니다. 그런데 상황이 심각하게 돌아가자 진보연대 수련회 장소를 대전에서 서울 용산구 철도회관으로 옮겼습니다. 오후 2시에 수련회가 시작되었는데, 부고가 날아왔습니다. 수련회를 연기하고 그곳에 모인 150여 명의 진보연대 지역 부문 간부들에게 어떻게 해서든 서울대병원 중환자실로 가장 빨리 집결할 것을 호소하고, 저도 서울대병원으로 향했습니다. 그런데 벌써 서울대병원은 병력에 가로막혀 있었습니다. 오랜 서울대병원 농성 생활로 쪽문 위치를 잘 알고 있었고, 저를 포함한 진보연대 간부들에게 그 위치를 공지해 중환자실로 집결하는 데에는 1시간이 채 넘지 않았던 것으로 기억합니다.

경찰이 시신을 탈취할 것으로 예측되었습니다. 그리고 나중에 안 사실이지만 당시 국립과학수사연구소의 부검팀이 모두 서울대병원에 와 있었다고 합니다. 사망 직후 국과수 부검팀의 집도하에 시신을 부검하려 한 것입니다. 그러나 벌써 중환자실 앞에서 100여 명이 넘는 활동가가 운집해 있었고, 장례식으로 가는 길목 길목에 수많은 사람이 집결하고 있었습니다. 기적과도 같은 일이 벌어진 것입니다. 지금 생각해도 이때 우리가 조금만 늦었어도 박근혜 퇴진 촛불이 열릴 수 있었을까, 하는 생각을 하곤 합니다.

서울대병원 노동조합 조합원분들의 헌신적인 노력으로 장례식장으로 가는 가장 빠르고 안전한 길을 확보할 수 있었고, 길목마다 수많은 시민이 지켜주었습니다. 백남기 농민을 무사히 장례식장으로 모셨지만 넘어야 할 산이 많았습니다.

경찰은 백남기 농민의 사인이 불분명하다며 사망 당일 부검을 하려 했고, 이것이 실패하자 부검 영장을 신청했습니다. 검찰이 청구했고, 법원은 몇 가지 조건을 달아 발부했습니다. 경찰의 부검 영장 신청에 결정적 역할을 한 것이 바로 서울대병원 백선하 교수입니다. 사망진단서에 물대포에 의한 사망인 외인사가 아니라 병사로 기재했던 것입니다.

부검 저지 투쟁에 나설 수밖에 없었습니다. 온 국민이 다 지켜봤는데 경찰만 물대포에 맞는 모습을 못 봤단 말입니까? 물대포에 맞아 쓰러진 뒤 한 번도 일어나지 못하셨던 백남기 농민의 사인을 물대포가 아닌 다른 것으로 보고 부검을 한다니요.

백도라지 씨의 말대로 박근혜 정권의 "더러운 부검의 칼"은 사인을 왜곡하기 위함이었고, 경찰의 책임 회피용이었고, 박근혜 정부의 정권 유지용이었습니다.

2016년 11월 5일

9월 25일부터 서울대병원 장례식장에서 긴 투쟁을 시작했습니다. 부검 저지 투쟁은, 매일 저녁 촛불로 이어졌고, 매주 토요일 대학로에서 추모 집회를 개최했습니다. 10월 25일 부검 영장이 마감되는 그날까지 여섯 차례에 걸친 영장 집행 시도가 있었습니다. 그리고 집행 시도가 있을 것으로 준비한 날을 포함하면 보름을 넘어갑니다. 한 달중 반은 초긴장 상태였던 것입니다.

부검 영장 집행 시도가 있을 때마다 긴장은 최고조로 오를 수밖에 없었습니다. 부검 집행을 한다면 수천 명의 병력이 동원될 것이고, 부검 영장을 막아내지 못한다면 백남기 농민의 시신을 빼앗긴다는 것을 뜻하기 때문에 사활을 걸 수밖에 없었습니다. 하지만 서울대병원 장례식장에 머물며 밤새워 지키는 사람 수는 들쭉날쭉했고 평균적으로 100여 명 정도였습니다. 그 인원으로 병력 5,000명을 막아내기는 쉽지 않으리라 판단했습니다. 그래서 내부 목표로는 새벽에 부검 집행을 시작하면 한두 시간을 버텨서 시민들이 함께할 수 있도록 하는 것이었습니다. 끌려가더라도 최대한 저항해서 시간을 끄는 것을 목적으로 했습니다.

집행 시도 때마다 한두 시간을 버티기 위해 온갖 저항을 해야 했습니다. 영안실 앞쪽에 사람들이 지키고, 지키는 사람들 몸에 쇠사슬을 걸고, 쇠사슬을 팽팽하게 묶은 다음 열쇠로 잠그고, 그 열쇠를 감추는 것입니다. 식용유를 계단에 뿌려 미끄럽게 해서 경찰의 움직임을 둔화시키려 하기도 했습니다. 할 수 있는 모든 일을 하려 했습니다.

그리고 새벽 2~3시 정도엔 서울 기동대 본부 앞에 망원을 볼 사람을 보냈습니다. 그 망원들은 경력 움직임을 살피는 역할을 했습니다. 특히 동대문에 있는 1기동대가 움직이면 무조건 영장 집행을 시도한 것으로 보았습니다. 새벽 4~5시 정도 1기동대가 출동을 하면 시민들에게 이 소식을 알리고 서울대병원 장례식장으로 집결을 호소했고, 장례식장에 계신 분들은 각자의 위치에서 1시간을 버티자고 다짐하곤 했습니다. 당시 조직 책임자는 지금 광주진보연대 대표로 있는 유봉식입니다. 연행되면 제일 먼저 구속될 사람이었지만, 오히려 그는 언제나 우리를 독려했습니다. 조병옥 총장은 당신이 구속 1번이라고 하기도 했습니다. 누가 구속 1번이 될 것이냐 싸우는 우스운 모습이었지만 사실은 서로 먼저 어려운 길을 가겠다는 처절한 결단이기도 했습니다.

감옥에 있는 한상균 위원장은 조합원들에게 드리는 호소 편지를 보내왔습니다. 민주노총 조합원 모두가 상주가 되어야 한다고 강조했고, 앞장서 부검 저지 투쟁에 나서야 한다고 했습니다. 장례식장에 민주노총 조합원, 세월호 유가족, 시민들이 몰려들었습니다. 장례식장에는 엄청난 양의 컵라면과 즉석밥이 쏟아져 배달되었습니다. 장례가 장기화되자 조문 오신 분들의 식사도 챙겨드리지 못하는 상황이 되어 이 사실을 알리자 시민들이 조의금(사실상 투쟁기금)도 보내주시고 컵라면과 즉석밥, 김치 등을 보내주신 겁니다. 택배 차량이 끊임없이 왔고, 너무 많아서 1층에 천막을 따로 쳐야 했습니다.

저를 포함한 백남기 대책위 상황실원이 모든 컵라면 맛이 비슷하다는 사실을 깨달은 것은 며칠 걸리지 않았습니다. 참깨라면과 육개장라면 맛이 비슷하다는 것이죠. 이상하기도 하지만 계속 먹다 보면 같은 맛만 남게 됩니다. 저만 느낀 것이 아니었습니다. 어디 나갈 수도 없는 상황실원들의 호소였습니다. 힘들기도 했지만 여러분들의 성원으로 하루하루를 버틸 수 있었습니다. 백남기 농민의 유가족분들도 저희에게 큰 힘이 되었습니다.

장례식장에 있을 때 주진우 기자가 상황실을 찾아와 이런저런 이야기들을 해주고는 했습니다. 올 때마다 이것저것 우리가 알 수 없는 정보를 알려주셨는데, 특히 최순실 얘기를 많이 해주셨습니다. 최순실이 박근혜 대통령의 상왕 역할을 했다고 했습니다. 1+1이라고도 했습니다. 국민들은 박근혜를 뽑았는데, 최순실도 딸려왔다고요. 그냥 웃고 말았습니다.

그런데 10월 24일, 백남기 농민 부검 영장 마감 시한이 끝나는 하루 전날, 다음 날 부검 영장 집행 시도가 있을 것이라고 알려진 날인데 JTBC〈뉴스룸〉손석희 앵커가 최순실의 존재와 국정농단 사실을 폭로하는 뉴스를 보도했습니다. 너무 충격적이었고, 판세를 뒤흔들 수 있는 기회였습니다. 10월 25일 영장 집행 기한 마지막을 잘 막아내야 했습니다. 그리고 동시에 백남기 대책위와 민중총궐기 투쟁본부가 단체 간담회를 가졌고, 10월 29일 촛불을 들자고 제안했습니다. 그것이 바로 박근혜 퇴진 1차 촛불이 된 것입니다. 백남기 농민이 촛불항쟁의 마중물이라고 하는 것은 이 때문입니다. 백남기 농민 1년여의 투쟁을 통해 활동가들이 태세를 갖춘 덕분이기도 했습니다.

1차 촛불에 3만 명이 운집했습니다. 청계광장을 가득 메운 사람들을 보니 국민의 분노가 이제 분출되기 시작했다는 느낌을 확실히 받았습니다. 애초 청계광장에서 종로통으로 행진을 하려고 했는데, 자연스럽게 광화문광장으로 행진이 이어졌고, 경찰을 밀어내며 광화문광장까지 다다랐습니다. 백남기 농민이 한 해 전 그렇게 가려 했던 광화문광장에 수많은 백남기가 모였습니다.

10월 25일 부검 영장 한 달 기한 마감은 바로 경찰에 의해 연장 요청이 있을 것이라고 했고, 법원도 부검 영장을 발부할 것으로 예측되었지만, 10월 29일 촛불항쟁 이후 언론에서는 경찰이 부검 영장을 신청하지 않을 것이란 보도가 흘러나왔습니다. 백남기 농민의 장례식을 드디어 치를 수 있게 된 것입니다.

11월 5일 백남기 농민 장례식이 치러졌습니다. 돌아가신 지 41일 만입니다. 30만 명이 넘는 시민들이 광화문에 운집했습니다. 10월 29일 1차 촛불 때 3만 명이었던 것이, 일주일 만에 30만 촛불로 확대된 것입니다. 광화문광장에서 수많은 추모사가 이어졌고, 세월호 유가족 대책위 전명선 대표가 추모사를 읽어 내려갔습니다. 영상처럼 뚜렷하게 남아 있는 연설 내용은 이랬습니다.

"304명의 우리 아이들과 승객을 구하지 않은 정부가 백남기 농민을 폭력으로 희생시켰습니다. 이제 우리 아이들 만나 따뜻하게 안아주시고 우리는 모두 잘 있다고 전해주십시오."

저는 그렇게 백남기 농민을 보내드렸습니다. 그리고 저는 1,700만 촛불을 안내했던 박근혜 정권 퇴진 비상국민행동의 정책팀장 역할을 맡게 되어 2017년 3월 9일 헌법재판소에서 "박근혜를 파면한다"는 판결을 듣게 되기까지 촛불을 들고 함께했습니다.

2020년 10월 26일

하필 박정희가 죽은 날, 백도라지 씨를 인터뷰하게 되었습니다. 촛불 기록을 남기기 위해 민주화운동기념사업회에서 촛불과 관련된 분들을 인터뷰하는데, 제가 진행사회를 맡기로 되어 있어 백도라지 씨를 만나게 된 것입니다. 백남기 농민과 중환자실에서 10개월 그리고 장례식장에서 41일을 함께 보낸 사이였지만 장시간 대화한 적이 거의 없었던 터였습니다.

사법부는 강신명 등 경찰 책임자에게 면죄부를 주었습니다. 가해자는 형사처벌을 받은 사람이 아무도 없습니다. 서울대병원 측은 문재인 정부 들어서 사망진단서를 병사에서 외인사로 수정했지만, 여전히 백선하 교수는 반성하지 않고 있었습니다. 그리고 박근혜 대통령 주치의 출신인 당시 서울대병원장 서창석 교수는 2019년까지 자신의 임기를 모두 채웠습니다. 민·형사 재판이 지루하게 진행되어 유가족분들의 아픔과 고통이 지속되겠구나, 하는 생각을 했습니다.

인터뷰를 마치고 백도라지 씨와 지하철역까지 걸어가는데, 출판사 편집일을 그만두었다는 얘기를 들었습니다.

편집일은 매우 복잡하고 정교한 일인데, 아버지의 부고 후에 겪게 된 일종의 트라우마 때문에 정신과 진료를 받는 중이라고 했습니다. 이화여대 통역대학원에서 공부를 다시 한다고도 했습니다. 가족들의 아픔은 여전히 지속되고 있음을 깨닫게 되었습니다. 온몸을 바쳐 싸웠고, 촛불을 들어 자칭 문재인 정부를 세웠는데, 내 삶은 아무것도 변한 것이 없는 지금의 많은 촛불 시민들처럼 말입니다.

모두, 분노의 소리를 냅시다

정영화

때는 2015년 11월 14일, 그날 아침 서울 종로구 안국동과 광화문 일대에서는 경찰차들이 차벽을 치고, 캡사이신 등이 들어 있을 것으로 추정되는 물통을 따르는 경찰들의 모습이 포착되었다.

안국동에 머물던 나는 아침부터 건물 안까지 들어오는 경찰, 전경들의 모습이 너무나 생경하고 무서웠다.

공포의 서막 같았다.

마음 같아선 그곳을 피하고 싶었지만, 왠지 그래선 안된다는 양심의 발로가 있었다. 우리 40대들은 대학 때 이미 정권 교체가 이루어지면서 데모가 학내에서 없어졌던 세대였다. 그렇지만 최근의 흐름은 이명박, 박근혜 정부로 이어지면서 세월호 사건을 비롯해 심상치 않은 분위기가 감지되고 있었다. 자칫 민주화 세대들이 이루어놓은 각종 민주적 제도들이 파괴될 것 같은 위기감이 조성되었다. 역사마저 자신들의 입맛에 맞게 바꾸겠다며 박근혜 정부는 국정화 교과서를 실시하겠다고 방침을 밝혔고, 이는 청소년들과 학부모, 일반 시민들의 분노를 자아내기에 충분했다. 역사 해석의 다양성마저 무시하고, 그들의 뉴라이트 시각을 반영한 역사관을 아이들이 교과서로 세뇌당해야 한다고 생각하니, 가슴속에 불꽃이 일었던 것이었다.

나 역시 당연히 분노가 끓었고, 페이스북 등 SNS를 통해 이를 막아야 한다고 글을 올리고 있었다. 역사의식이 사라지면, 아이들은 노예가 될 것이라고, 주체성을 상실하고, 자주적 정신을 잃을 것이라고 분노하고 있었다. 그러던 차에 박근혜 정부의 비정규직 양산 정책과 세월호 진상규명 불투명과 7시간 부재 책임, 회피 등 여러 정책이 민중에게 화를 계속 돋우고 있었다.

11월 14일 민중총궐기에 참가해야겠다는 결심이 섰다.

그날 저녁, 종로에 갔던 나는 막상 설 곳이 없었다. 가자마자 전쟁 아닌 전쟁 중이었다. 물대포를 발사하기 시작하여, 시민들과 경찰이 극렬 대치 중이었다. 나는 그 안에 들어갈 새도 없이 전쟁과도 같은 상황을 목도하게 되었다. 시민들을 향해 물대포가 발사되고, 곳곳에서 비명이 들렸다. '해산하라'는 경찰들의 경고가 들렸고, 시위대는 꿈적도 하지 않았다. 대치가 격렬해지면서 경찰들의 물대포 발사 강도가 치사 수준이 되었고, 시위대에서는 일부 시민들이 비명을 지르며 뛰쳐나오기도 했다.

그리고 한참 뒤, 경찰들의 무자비한 물대포가 특정인에게 집중적으로 발사되기 시작했고, 비명이 들렸다. 좀 있다가 앰뷸런스가 왔고 시민 한 명이 급하게 실려갔다. 그 와중에도 경찰의 물대포는 앰뷸런스에까지 발사되고 있었다.

"사람이 죽었대"라는 소리가 곳곳에서 들려왔다. 그렇게 시위 현장은 폐허처럼 변해가고 현장은 공포로 변해갔다. 자정쯤 되어 결국 시위대의 대부분은 해산하고 나 역시 그 자리를 떠났다.

걱정되어 그날 저녁 잠을 자지 못했다. 뉴스를 검색해보니, 그날 물대포를 맞은 분은 백남기라는 농민운동가이며, 보성에 살고 농사를 지으며 살아온 정직한 분이라는 것을 알게 되었다. 그날 맞은 물대포는 세기도 위험 수준이었던 데다 캡사이신 등 유해 물질을 넣었던 터라 타격이 커서

뇌진탕에 걸렸고 의식불명 상태라고 했다. 비록 죽지는 않았지만, 뇌사상태라고 뉴스에 떴다.

사실상 죽은 것이나 마찬가지나 인공적인 의료 시술로 겨우 목숨만 부지한 상황이었고, 시민들은 그날 물대포를 집중적으로 맞은 영상을 공유하며 슬픔에 젖었다.

나 역시 몇 날 며칠 그 영상을 보면 눈물이 났다.

사실 나는 대학 때 이미 데모가 사라진 시절을 살았고, 졸업 후 경제신문 기자를 했기 때문에 이와 같은 치열한 데모 현장을 목격해본 적이 없었다. 사람이 데모하다가 죽는 광경을 목격한 것도 이날이 처음이었다. 그런 만큼 충격이 컸다. 지금 같은 시대에도 이런 일이 벌어질 수 있구나, 놀랍고 슬펐다.

평범한 사람으로 살아온 내게, 그날의 일은 충격임과 동시에 인생의 전환점이 되었다. 나는 내가 운동권이나 시민운동에 나설 것이라고 생각해본 적이 별로 없었다. 그저 책 읽기를 좋아하고 명상을 즐기는 다소 은둔적인 사람이었기 때문이다. 오히려 속세를 저만치 떠나고 싶어서 서울에서 속초까지 이사했던 상황이었다. 그날만 민중총궐기에 참여하려고 속초에서 서울로 왔던 것이었다.

속세를 떠나고 싶었던 마음에는, 이 사회와 정치가 혐

오스러웠기 때문이었다. 희망 없는 이곳을 떠나고 싶었다. 그런데 이날 백남기 농민의 목숨을 건 투쟁은 내게 깊은 울림을 주었다. 칠십이 된 노인이 왜 보성에서 서울까지 와서 그것도 시위대 맨 앞자리에 서서 그렇게 목숨 걸고 투쟁을 했을까? 그 진정성이 가슴에 사무쳤다.

나는 그렇게 누군가를 위해, 혹은 사회를 위해 목숨을 걸어볼 생각 같은 건 해보지 못했다. 그런데 그게 가능하다니, 그런 사람은 과연 누구인가? 나 자신이 부끄러웠다.

그게 계기가 되어, 마음이 크게 술렁거렸는데 그다음 해인 2016년 아버지가 갑자기 뇌졸중으로 쓰러지시면서 나는 병간호차 다시 속초에서 서울로 오게 되었다. 벗어나고 싶었던 곳 서울로 컴백한 뒤에, 내 마음은 온통 백남기 농민 사건에 쏠려 있었다.

2016년 가을, 나는 다시금 역사의 물결에 합류하게 된다. 백남기 농민이 뇌사상태에서 사망하게 되고 그 와중에 사망 원인을 외인사가 아니라 지병과 유족들의 책임으로 몰아가려 하는 일이 생겼다. 부검하자고 하며 백남기 농민의 사망 원인을 조작하려고 하는 일이 있었다.

당시 분위기는 최순실의 딸 정유라의 입학 부정으로 이화여대가 떠들썩하고 학내 데모가 일어나는 등 소용돌이

치는 분위기였다. 시민들의 지성이 점점 깨어나고 있었다.

백남기 농민의 죽음을 둘러싸고 사망 원인을 경찰 물대포가 아닌 지병 등 다른 원인으로 몰아가며 교묘히 감추려는 움직임이 보이자 시민들은 폭발했다. 나 역시 그들의 거짓 공작에 치가 떨려 분노가 치솟았다.

결국 서울대병원 장례식장에 시민들이 자발적으로 집결해 부검 반대 시위를 벌였다. 경찰들이 백남기 농민의 시신을 탈취해가려고 하자, 시민들은 이를 필사적으로 저지했다. 나 역시 당시 녹색당 당원으로 가입했던지라, 녹색당 당원들과 함께 밤샘 지킴이 활동을 벌였다. 밤사이에 경찰이 와서 백남기 농민 시신을 가져갈지도 모른다며, 돌아가면서 밤잠을 자지 않고 지켰다.

사람들과 함께 얘기도 나누고, 추모 행사도 가지면서 일주일여 서울대병원을 들락날락했다. 이를 알게 된 시민들이 인터넷으로 각종 물이며 비품을 보내주면서 후원 물품이 장례식장 한쪽을 가득 메울 정도로 호응도 높았다.

경찰이 백남기 농민 시신을 부검하러 온 그날, 우리는 서로 팔짱을 끼고 장례식장을 에워쌌다. 노래를 부르고 팔을 사슬처럼 엮어서 경찰들을 저지했다. 그날 경찰들은 '이 모든 책임은 시민에게 있다'는 말만 남긴 채 돌아섰다.

백남기 농민 부검 반대 시위 밤샘 지킴이 현장(위).
시위를 응원하며 시민들이 보내준 후원 물품이 장례식장 한쪽에 쌓여 있다(아래).

시민들의 평화시위가 처음으로 승리한 날이었다.

그렇게 부검이 실패로 돌아가고 시민들은 함성을 질렀으며, 이후 민중총궐기 등 집회에서 예전처럼 경찰은 물대포를 쏘지 못했다. 시민들이 절대로 폭력을 쓰지 말자고 협의를 하여, 시위를 평화적으로 했기 때문에 경찰들도 이에 맞춰 변화하기 시작했다. 특히나 물대포로 악화한 여론을 의식한 탓인지, 나중에는 경찰들이 아예 시위대를 안전하게 보호하는 가이드 역할로 변하기 시작했다.

이것이 2016년 겨울 촛불혁명의 서막이었다.

당시 백남기 농민 수호 운동을 함께했던 몇몇 지인들과 함께 '소리를 냅시다' 운동도 벌였다. 그해 늦가을, 페이스북 동영상을 통해 냄비 두드리기, 소고 두드리기 등 여러 가지 소리 내기를 통해 박근혜 정부의 탄핵을 외쳤다. 최대한 평화적으로 하되, 시민들이 쉽게 참여할 수 있도록 끌어오는 것이 그 목적이었다. 나 같은 평범한 사람도 하는데, 일반 시민들도 충분히 함께할 수 있다는 것을 알리고 싶었다.

그해 겨울, 촛불은 성공적으로 활활 타올랐으며 수백만명의 시민들이 광화문과 전국 각지에서 촛불을 태웠다. 단지 박근혜 정부의 탄핵이 아니라, 새로운 정치 새로운 사회의 탄생을 염원했다.

부정부패 없고 나라다운 나라, 자주적이고 평화로운 나라, 공권력에 의해 인권이 더 이상 희생되지 않는 나라 등을 만들기 위해 다 함께 촛불을 들었다. 3개월여 긴 겨울 촛불투쟁을 통해 사람들은 하나가 되었고, 이것은 결국 촛불의 승리를 끌어냈다. 그 100여 일 동안 폭력 사건 하나 없이 수백만 명이 참여한 집회가 평화롭게 진행되어 세계인들의 이목을 주목시킨 큰 사건이 되었다.

백남기 농민의 희생이 아니었다면, 그 거대한 촛불은 일어나지 않았을 것이다. 한 사람의 밀알이 결국은 세상의 큰 변화를 이끌어낸 것이다.

그가 온 생애를 걸쳐 이루고자 했던 대동 세상, 농촌이 대우받는 세상은 아직 이루어지지 않았다. 그러나 많은 사람의 양심을 일깨우고, 우리가 세상을 바꿀 수 있다는 희망을 전해주는 데는 그 이상의 역할을 할 수 없을 만큼의 엄청난 일을 해냈다.

백남기 농민은 어둠을 지나 새벽이 오고 있음을 알리는 종소리였다.

새 역사를 여는 출발점

박석운

"백남기 농민 사망."

2016년 9월 25일 13시 58분경, 서울 용산구 철도회관에서 한국진보연대 전국수련회 개회 선언을 하기 위해 단상으로 나가고 있는 찰나에 백남기 농민의 사망 소식을 알리는 급한 문자가 전달되었다. 즉석에서 의논한 결과, 수련회를 일단 중단하고 참석자들 150여 명 전원이 모든 가능한 수단을 동원해 서울대병원에 진입하기로 했다.

당시 서울대병원 정문이나 후문 등 중요 출입로에는 경찰들이 배치되어 출입을 통제하고 있었지만, 150여 명의 활동가들은 삼삼오오 짝을 지어 다양한 방법으로 서울대병원 진입에 성공했다. 서울대병원 중환자실 앞에 도착해

보니, 곧 백남기 농민의 시신을 병원 밖으로 이동시키려고 하는 상황이었다. 당시 급하게 서울대병원 노조로 연락해 오시도록 했는데, 이분들로부터 가장 빠르고 안전하게 시신을 운구할 수 있는 통로를 확인할 수 있었다. 마침 전날 저녁부터 병원에서 밤을 새우셨던 시민분들도 남아 계셨기 때문에 당시 대책위 상황실장 역할을 하던 한국진보연대 이종문 대협위원장 동지가 이분들과 함께 중환자실이 있는 건물 바깥으로 미리 내려가서 장례식장 쪽으로 통하는 이동통로를 확보하기로 했다.

얼마 지나지 않아 백남기 농민을 모시고 건물 바깥쪽으로 나서니 미리 내려갔던 분들이 앰뷸런스를 대기해놓고 있었다. 서둘러 앰뷸런스에 모시고 장례식장 쪽으로 이동하기 시작했는데, 혹시라도 시신 탈취 위험에 대비하기 위해 시민들은 서로 손을 맞잡고 앰뷸런스를 둘러싸면서 이동했다.

지금 생각해도 아찔했던 것이, 당시 백남기 농민을 모신 앰뷸런스가 막 장례식장 쪽으로 진입하여 안치실이 있는 장례식장 지하통로로 내려가고 있는 상황에서 전투경찰이 들이닥쳤던 장면이다. 앰뷸런스를 호위하면서 뒤따르던 활동가들이 서둘러 장례식장 앞 통로 입구에서 경찰의 진입을 온몸으로 막아섰다. 그러는 사이 백남기 농민을 장례식장에 안치할 수 있었다. 대치하고 있는 사이 소식 듣고 달려오신 시민분들도 계속 합류했고, 경찰도 계속 증강되어 수백 명의 경찰이 장례식장을 둘러싸고 출입을 봉쇄한 상황이었다.

이후 한두 시간 가까이 시민들과 전투경찰이 대치했는데, 그사이 취재진들이 몰려들고, 또 야당 의원들이 소식을 듣고 달려오기도 했다. 그러다가 야당 의원들의 중재로 경찰이 장례식장 출입 봉쇄는 풀기로 하여 현장의 긴장도는 다소 누그러졌다. 그러나 언제 경찰이 장례식장 안치실로 들이닥칠지 알 수 없는 지극히 불안한 상황이 지속되었다. 이런 상황이 전국적으로 공유되어, 많은 분들이 방문하고 또 돌아가며 장례식장을 지켰다. 특히 밤사이 경찰이 안치실로 들이닥쳐서 시신을 탈취할 위험이 있어서, 밤마다 전국에서 농민들이 지역별로 번갈아 와서 안치실이 있는 지하 입구를 봉쇄하고 그 안 복도에서 서로의 몸을 쇠사슬로 함께 묶어서 연결하고 밤새 지켰던 기억이 생생하다.

돌아가시던 날 그날의 한국진보연대 전국수련회는 애초에 충북 영동의 노근리 수련관에서 진행될 예정이었지만, 그 무렵 백남기 농민의 용태가 위태로울 수 있다는 상황을 고려한 전농에서 수련회 장소를 서울로 옮기는 게 어떠냐는 요청이 왔다. 유사시 긴급 대응 태세를 유지한다는 차원에서 서울 용산의 철도회관으로 수련회 장소를 변경했는데, 바로 그날 이런 상황이 전개된 것이었다. 마침 수련회장에 집결해 있던 150여 명의 활동가들, 이른바 투쟁 경험이 풍부한 이들이 현장의 긴급 대응에 가세하면서 초기 대응에 중요한 역할을 할 수 있게 된 것이 큰 다행이었다고 평가한다.

당시 상황을 좀 더 자세히 살펴보면, 돌아가시기 전날 저녁 백남기 농민의 용태가 급격하게 악화되었던 터라 이런 상황을 알아차린 당국이 경찰을 서울대병원 내에 대거 배치했다. 아마도 돌아가시고 나면, 출입을 통제한 후 시신을 빼돌려서 강제부검하려는 의도였으리라. 또한 아마도 강제부검하고 난 뒤, 이런저런 이유를 대면서 '병사'로 사인을 조작하려는 의도였으리라. 한편 돌아가시기 전날 밤 용태가 심각한 상태라는 소식을 들은 시민들도 병원에 모여들었는데, 그날 밤 백남기 농민께서 버텨주신 것이 큰 다행이었다. 백남기 농민께서 당시 무의식중에도 생의 마지막 순간까지 버텨주신 것이라고 생각한다. 그런 상황에서 밤이 지나가자, 병원에서 꼴딱 밤을 새운 전투경찰들 대부분이 일단 철수하여 휴식하러 가고, 병원에는 소수의 경찰만 남아 있게 되었는데, 바로 그 시간대에 돌아가신 것이다. 돌아가신 직후 전투경찰대가 서둘러서 대오를 꾸려 출동했지만, 전투경찰이 서울대병원 장례식장에 도착했던 바로 그 시점에는 이미 시신을 모신 앰뷸런스가 장례식장에 막 진입하고 난 뒤였고, 또 앰뷸런스 뒤를 따라 들어온 200~300여 명의 시민들이 장례식장 입구를 온몸으로 봉쇄하며 경찰 진입을 저지하기 시작한 것이었다. 당시 만일 백남기 농민께서 전날 밤 버텨주시지 못했다면, 백남기 농민 장례투쟁은 또 다른 양상으로 전개되었을 테고, 또한 박근혜 퇴진 촛불이 그토록 신속하게 불타오르지 못했을지도 모른다. 2015년 민중총궐기 투쟁에서 백남기 농민 장례투쟁, 그리고 2016년 민중총궐기 투쟁과 박근혜 퇴진 촛불로 상승되어갔던 역사적 대항쟁의 흐름이 달라졌을 것이다. 하늘이 도왔다고나 할까, 너무나 다행스럽게 시신 탈취를 저지할 수 있었다.

농민·노동자들과 시민들이 일단 시신 탈취를 저지하고 나자, 경찰과 검찰은 합법적으로 부검할 수 있는 절차를 추진하게 된다. 일단 사망진단서를 조작했다. 물대포를 맞고 쓰러져서 병상에 누워 계시다가 돌아가셨는데, 사인을 '병사'라고 조작해서 진단서를 작성한 것이다. 당시 사망진단서에는 선행 사인은 '급성경막하출혈', 중간 사인은 '급성신부전', 최종 사인은 '심폐 정지'로 기재하면서 '병사'라고 기재된 사망진단서를 발급했던 것이다. 따라서 사망 원인을 규명하기 위해서 부검을 해야 한다는 표면적 구실을 만든 것이다. 백남기 농민께서 물대포를 맞고 뒤로 넘어지면서 두개골이 골절되고 혼수상태에 빠진 사실은, 치료 과정에서 이미 확인된 '두개골 골절'과 '뇌부종' 증상으로 그 증명이 충분히 확인된 상태임에도 경찰과 서울대병원 측이 사인 조작을 시도한 것이었다. (박근혜 퇴진 촛불항쟁 승리 이후인 2017년 6월 15일에 와서야 비로소 서울대병원은 선행 사인을 '외상성경막하출혈', 중간 사인을 '패혈증', 사인을 '급성신부전'으로 고인의 증상에 맞게 '외인사'로 수정했다. 국민께 심려 끼쳐 송구하다고 사과했으나 정작 사망진단을 조작하라고 지시한 교수나 그런 의사결정에 관여한 상부선 등은 제대로 책임지지 않았다.)

돌아가신 날 당일, 경찰은 검찰을 통해 법원에 부검 영장과 압수수색 영장을 신청했지만, 다음 날인 9월 26일 새벽 법원은 부검 영장은 기각하고 서울대병원의 진료기록에 대한 압수수색 영장만 발부했다. 그러자 경찰은 부검 영장을 재청구했는데, 9월 28일 법원에서 "서울대병원에서 부검 진행하고 또 유가족 희망 시에는 유가족과 유가족이 추천하는 의사와 변호사의 참관을 허용하는" 조건을 붙인 부검 영장을 발부했다. 아마도 사법농단 수준의 압박이 있었을 것이라고 추정은 했지만, 사실 확인은 불가능했다. 그런 상태에서 유족과 장례위원회에서는 '물대포 사망'이라는 사인이 명백한데도 부검하겠다는 것은 사인 조작 시도이니 용납할 수 없다며 당연히 부검을 거부했다.

그런데 전혀 예상치 못한 곳에서 극적인 국면 전환이 시작되었다. 9월 30일, 서울대 의대생 102명이 연서명하여 교정에 대자보를 부착했던 것이다. 〈선배님들께 의사의 길을 묻습니다〉라는 제목으로 된 대자보에는, "환자가 사망하였을 때 사망의 종류는 선행 사인을 기준으로 선택하게 되며, 질병 외에 다른 외부 요인이 없다고 의학적 판단이 되는 경우만 '병사'를 선택합니다. 외상의 합병증으로 질병이 발생하여 사망하였으면 외상 후 아무리 오랜 시간이 지나더라도 사망의 종류는 '외인사'입니다. 이것은 모두 저희가 법의학 강의에서 배운 내용입니다. '물대포'라는 유발 요인이 없었다면 고 백남기 씨는 혼수상태에 빠지지 않았을 것이므로 고인의 죽음은 명백한 '외인사'에 해당합니다"라고 적혀 있었다. 3일 뒤인 10월 3일에는 전국 15개 대학 의대생 809명이 〈같이, 우리의 길을 묻습니다〉라는 성명서 발표로 이어졌다. 이로써 어느 쪽이 거짓말을 하고 있는지, 대중적 차원에서 '선-악'이 분명해졌다.

이후 SBS에서 물대포의 파괴력을 실험하는 특집 보도를 하는 등 언론에서도 적극적으로 보도를 계속했고, 또 매일 저녁 장례식장 입구에서 추모 문화제가 진행되었다. 매일 빈소를 방문하거나 또 장례식장 사수투쟁에 참가하는 시민들이 하루에도 수백 명이 되는 상황이어서 그분들의 식사 문제도 있었는데, 놀랍게도 수많은 시민들이 바로 컵라면과 햇반, 빵 등을 보내주셔서 하루 만에 트럭 10여 대 분량이 배달되기도 했다.

또 다른 극적인 반전은 백남기 농민 부검 영장 만료일을 하루 앞둔 10월 24일에 일어났다. 그날 오전, 박근혜 대통령은 국회를 찾아가 시정연설을 했는데 느닷없이 개헌 카드를 꺼내 들면서 정국의 국면 전환을 시도했다. 하지만 그날 저녁, JTBC 뉴스에서 최순실의 태블릿PC를 보도하자 국민적 분노가 폭발하기 시작했다. 당시 국민적 분노가 폭발했던 데에는 여러 다른 요인이 있지만, 백남기 농민의 빈소가 차려진 서울대병원 장례식장이 새로운 투쟁이 시작되는 일종의 논의 거점이 되었던 측면도 있었다. 한국진보연대 활동가들은 10월 26일 저녁 시민사회단체연대회의 일부 활동가들을 초청해 박근혜-최순실 국정농단에 대응하는 공동투쟁을 논의하는 자리를 마련했다. 그 결과 10월 28일 오전에 대응책 논의를 위한 주요 단위 간담회를 열기로 했고, 이 논의가 발전해 '박근혜정권퇴진 비상국민행동'(퇴진행동)이 출범할 수 있었다. 그리고 11월 5일 광화문광장에서 백남기 농민의 영결식이 열렸다. 그 자리에서 제2차 퇴진 촛불이 진행되어 1,700만 촛불항쟁으로 이어졌다는 것이 역사적 사실이다.

백남기 농민이 물대포를 맞고 쓰러져 혼수상태에 빠졌던 2015년 11월 14일의 민중총궐기 투쟁은 "못살겠다, 갈아엎자"는 농민들과 노동법 개악 등에 반대하는 노동자들, 그리고 용역폭력에 시달리는 도시빈민들의 투쟁이 응집되어 추진되었다. 그날 전국에서 집결한 총 13만 명의 민중들이 청와대를 향해 행진을 시작했다. 노동자들은 태평로 쪽에서, 농민들은 종로 쪽에서 행진을 진행하던 중 백남기 농민은 종로1가 르메이에르 빌딩 앞 노상에서 물대포를 맞고 쓰러지셨다. 현장에서 바로 서울대병원으로 후송되셨는데 의식불명 상태였다. 당시 당직 근무하던 신경외과 교수 등에 의해 이미 소생 불가로 진단되어 수술도 하지 못하고 있었는데, 뒤늦게 등산복 차림으로 나타난 백선하 서울대병원 신경외과 과장이 생명을 연명시키는 수준의 수술을 진행하여 무려 10개월이나 중환자실에서 의식불명 상태로 누워 계셨던 것이다. (나중에 장례투쟁 과정에서 확인된 사실이지만, 백남기 농민께서 쓰러지셨던 당시 동대문경찰서장이 서울대병원장 등에게 연락하여 모종의 협조를 요청한 사실과 백선하 과장의 등산복 차림 등장과 집도, 그리고 사망진단서 조작 간에 일련의 연관성이 있는 것으로 추정되었다. 그러나 이 정황에 대한 더 이상의 조사나 수사는 진행되지 않았다.)

2015년 민중총궐기 투쟁 이후 정권 차원의 탄압 국면이 급박하게 진행되었다. 시위대가 차벽 버스에 밧줄을 매달아 잡아당기는 모습과 경찰이 최루액과 물대포를 난사하는 모습을 반복적으로 방영하면서 이 시위가 격렬한 '폭력 시위'였음을 강조했다. 대규모 체포와 강력 탄압이 이어질 수도 있는 상황에서 극적인 반전이 일어났다. 당시 경찰이 물대포를 직사하여 백남기 농민을 쓰러뜨리고 난 뒤에도 계속 물대포를 난사하는 장면, 앰뷸런스나 인도 쪽으로 피신하는 시위대를 쫓아가면서 물대포를 난사하는 장면들이 '1인 미디어'에 보도되었고, 그 동영상이 TV 방송을 통해 반복해 등장했다. 폭력시위에서 경찰의 살인 진압으로 일종의 프레임 전환이 일어난 셈이다.

민중총궐기투쟁본부와 가톨릭농민회 등이 주도하여 '생명과 평화의 일꾼 백남기 농민 쾌유 기원과 국가폭력 규탄 범국민대책위'를 구성하고 본격적인 투쟁에 나섰다. 서울대병원 입구에 농성장을 꾸리고 12월 5일에는 '제2차 민중총궐기' 투쟁을 진행했다. 당시 경찰은 집회와 행진을 금지 통고했지만, 12월 3일에 내려진 법원의 '집행정지가 처분 결정'에 의해 5만 명이라는 대규모 인원이 참가하여 청계광장에서 서울대병원까지 행진할 수 있었다. 또 정부 당국은 구속된 한상균 민주노총 위원장 등 민주노총 간부들을 '소요죄'라는 중범죄로 처벌하려 했다. '소요죄'는 "다중이 집합하여 폭행, 협박, 손괴의 행위를 하였을 때" 적용하는 혐의인데, 3·1운동 당시 일제가 적용했던 죄명이었다. 이에 12월 19일 제3차 민중총궐기투쟁 때에는 '소요문화제'라는 명칭을 내걸고 '소란스럽고 요란한 문화제'를 추진했다. 그날 참가자들이 제각각 나팔과 피리, 부부젤라, 징과 꽹과리 등을 들고 나와 서울대병원까지 행진하면서 소란스럽고 요란하게 소리 내는 방식으로 진행했는데, 경찰 당국의 무리한 탄압을 풍자하면서 항의하는 투쟁이었다. 당시 이러한 풍자와 저항을 배합하여 투쟁하는 방식은 새로운 시도로 평가되어 참가자들의 높은 호응을 받았고, 이런 투쟁 방식은 박근혜 퇴진 촛불항쟁 당시 만발했던 '시민들의 기발하고 산뜻한 풍자와 저항' 투쟁의 원류가 되었다.

서울대병원 입구에 차려진 농성장에는 박근혜 대통령이 후보 시절 공약했던 "쌀값 17만 원 가격을 21만 원으로"라고 적힌 플래카드가 그 당시 그 모습 그대로 내걸려 있었고, 그 밑에는 실제 쌀값이 12만 원 선으로 폭락한 현실을 폭로하는 농민의 글이 걸려 있었다.

백남기 농민의 투쟁과 죽음을 통해 정부의 정책으로 고통받는 농민의 한이 폭로되었고, 또 진상규명 투쟁 과정에서 새로운 풍자와 저항 투쟁 방식이 촉발되었다. 그리고 백남기 농민은 온몸을 다 바친 헌신을 통해 국가폭력의 현실을 생생하게 보여주었고, 마지막 순간까지 버티는 놀라운 실천을 통해 새로운 민중 투쟁과 새 역사를 여는 범국민 대항쟁의 출발점이 되었다.

자, 이제 이승에서의 온갖 소명을 모두 내려놓으시고, 생명과 평화의 나라 하늘에서 평안한 안식을 찾으소서.

다시 새롭게

김경림 하나 수녀

2015년에 나는 성남 작은 본당의 전교수녀로 있었는데, 11월 14일 토요일 민중총궐기 집회가 열리던 날엔 마침 혜화동에서 주일학교 교사들 행사가 있어서 좀 일찍 나가 대학로 집회에 잠깐 참여하고 교사들의 행사 후 본당으로 돌아왔던 기억이 있다. 집회 소식이 궁금하던 차에 그날 밤 늦게 SNS상에 속보라며 백남기 형제님이 물대포에 맞아 서울대병원 응급실에 입원, 사망했다는 소식이 들려왔고, 이내 다시 사망이 아니라는 소식에 안도하긴 했지만 뭔가 심상치 않은 거 같아 내심 걱정이 되었다. 물대포에 맞아서라고 하니 상상도 되지 않았다. 그저 당혹스러운 마음으로 잘 살아나시기를 바라며 간절히 기도만 할 수밖에

없었다. '주님, 백남기 형제님을 살려주세요.'

박근혜 정부 시절이었기에 돈을 써서 대충 넘어가는 사건이 되면 어쩌나 걱정이 됐고, 병원에 누워 계신 형제님과 그 어두운 밤길에 아랫녘에서 서울을 향해 멀리서 오고 있을 가족들을 생각하며 죄송스런 마음이 많이 들었다. 훗날 백남기 형제님이 중앙대에서 학생운동을 하셨고 수도회에 들어갔다 나오시고 보성으로 귀향해서 농민운동을 해오신 분이라 알게 되어 그나마 대충 넘어가는 사건이 되진 않겠구나 안도하며 형제님껜 경외감이 들었다.

집회가 있던 날 형제님은 보성으로 돌아갈 먼 길을 생각해서 일찍 빠져나갈 수도 있었을 텐데 어찌 그 연세에 경찰버스를 끌어내리려는 밧줄을 잡아당기려 성큼성큼 앞으로 걸어가셨을까? 가볍게 걸어가시는 영상 속 모습을 보며 가슴이 짠 하고 울컥했다. 이내 쓰러지시는 모습에 가족들은 얼마나 가슴이 철렁 내려앉았을까? 물대포에 맞아 쓰러지시는 장면, 얼굴에 피를 흘린 채 쓰러져 누워 계신 장면, 중환자실에 의식 없이 누워 계신 장면은 두고두고 내 뇌리에 남아 있다. 고압의 물줄기를 4미터 앞 시위대 머리에 직사 살수하는 명백한 타살 순간을 동영상으로 목격하며 국가폭력의 야만성에 분노하며 죄송스러울 뿐이었다. 도대체 누구를 위한 경찰인가? 집권자를 보호하며 국민에게 횡포하는 갑질 경찰에 대해 나는 언제쯤 이해하고 용서하는 마음을 갖게 될까?

형제님이 천주교 신자셨기에 가능한 날엔 먼저 시간을 내어 성남에서 서울대병원 중환자실 면회 시간에 맞춰 형제님과 가족들을 방문했다. 면회 시간에라도 함께하는 것이 내가 드릴 수 있는 위로라 생각했고, 가족들에게 미안함을 기워 갖는 것이라 여겨 나름 최선을 다해 방문했다. 때로는 오후 4시 서울대병원 앞 길거리 천막 미사에 참례하고 끝나자마자 수녀원 기도 시간에 맞춰 헐레벌떡 뛰어다니며 형제님을 기리는 시간들에 함께했다. 이듬해 2016년 9월 운명하시고 11월 초 장례를 치르기까지 서울대병원 장례식장 미사에도 가능한 한 참례하며 삭혀지지 않는 슬픔과 분노를 안고 다녔다. 그 감정들이 좌절감으로 내 안에 고스란히 침잠하니 기도로 삭혀질까 기도로 버티며 지냈다. 영결식 날짜가 정해진 후에는 휴가를 내서 시신 탈취를 염려하며 사제, 수녀들이 빈소를 반으로 나누어 빼곡히 누워 자며 빈소를 지켰다. 다음 날 명동성당에서 장례를 치른 후 광화문 영결식 행사장까지 함께 걸었다. 그 날 보성에는 내려가지 못했기에 그 이듬해 봄 보리밭 밟기

행사에 참여하여 보성 부춘마을에 내려가보았고, 그해 겨울 역시 휴가를 내어 자매님을 찾아뵈며 된장 만드는 일을 조금 거들기도 했다. 작년엔 5·18 묘역에서 백남기 형제님을 기리는 미사에 참례해 자매님을 잠깐 뵈었고 그 후엔 그마저 연락도 하지 못하고 뜸한 채로 지내고 있었다.

형제님이 가신 후 5년이 흘러 형제님을 추모하며 문집을 낸다고 글을 써달라는 연락이 와서 살아생전 형제님을 몰랐던 내가 무슨 자격이 되나 했습니다. 5년 전 병원으로 열심히 다녔던 시절을 떠올리며 백남기 형제님, 백남기 어르신이 내게 누구인가를 돌아보게 되었습니다. 그 당시 형제님의 타살 상황에 대해 많이 분노하고 맘 아파하며 연대한다고 서울을 오갔지만 장례 후 나는 이내 나의 일상으로 돌아와 내 삶에 묻혀 살고 있습니다. 이렇게 살고 있는 제게 백남기 어르신이 뭐라 말씀하실지 들어봅니다……

"하나 수녀님, 그동안 어떻게 지내셨는가?"

"열심히 산다고 살았지만 형제님 잘 기억하지 못하고 살았어요."

"괜찮아, 시간이 지나면 잊는 게 당연하지. 수녀님도 사느라 수고했어요."(토닥토닥)

무딘 마음으로 지내고 있던 내게 형제님은 오히려 위로와 격려를 주시는 듯합니다. 형제님의 장례 상본을 신약성경에 꽂아두고 기억하고자 했지만 웃음 머금은 얼굴이시라 가끔 뵈면서 편안한 마음으로 그냥 지나치곤 했음을 고백합니다. 올겨울엔 휴가 내어 보성에 내려가 자매님 뵙고 구수한 집밥 먹으며 형제님 이야기 다시 들으며 보성의 정기를 좀 받고 와야겠습니다. '사명 같은 무거운 짐 내려놓고 마음 편히 기쁘게 사시게' 하고 막걸리를 건네실 듯합니다. 부춘마을 큰 소나무 아래에서 막걸리 건네고 받아 마시며 그 막걸리잔의 의미를 잘 새기겠습니다. 하늘에서, 아니 늘 저희 가까이에서 격려하며 힘을 주시고 계셨을 형제님, 미처 가깝게 알아차리지 못했습니다. 죄송합니다.

"내가 백남기다"라고 쓰인 손팻말을 들며 함께한 5년이 지났습니다. 지금 내게 백남기 형제님은 누구인가, 또한 내게 예수님은 누구인가 자문합니다. 내게 예수님은 고통에 처한 이들을 연민의 마음으로 돌보시고 함께하는 여정의 삶을 사신 분, 일상에서 동행과 돌봄의 삶을 살며 이방인인 사마리아인을 통해 고통받는 사람들의 어려움을 외면하지 말고 돌보는 삶을 살라고 불편한 요청을 하신 분입니다. 형제님은 대학 시절 제적당한 후 보성으로 귀향하서

서 땅과 사람을 살리는 농민들의 목소리가 외면당하지 않도록 쌀과 농산물의 적정한 가격 보장을 위해 투쟁하셨고 농업을 천시하는 국가 정책에 맞서 땅을 지키며 부당한 공권력의 횡포로 죽음에 이르기까지 시대적 예언자의 삶을 살아가신 분입니다. 백남기 형제님을 통해 예수님이 보입니다. 수도자들은 자신의 영적 성장을 위해 수련하며 세상의 위기 상황을 직시하고 응답하는 예언적 소명을 사는 존재이기에 기꺼이 불편한 요청에 응답하는 삶을 살라고 배워왔습니다.

"내가 백남기다." 다시 제 일상에서 새기며 살아가겠습니다. 앞서 가신 사랑의 길 죄송하고 고맙습니다. 다시 새롭게 힘을 내겠습니다. 사랑합니다.

백남기의 의미

시대적 평가

먹으로 쓴 거짓은
피로 쓴 사실을 감출 수 없다

원희복 | 언론인,《촛불 민중혁명사》저자

1989년 1월 프랑스 주간지《누벨 옵세르바퇴르》가 독자를 대상으로 '프랑스혁명에서 가장 기억할 만한 사건은 무엇인가?'라는 설문조사를 한 적이 있다. 프랑스혁명 200주년을 기념하는 행사를 준비하면서였다. 그때 가장 많은 응답자는 "1789년 7월 14일 바스티유 정복"이라고 대답했다.

오늘 같은 질문을 우리에게 던져보자. '촛불혁명에서 가장 기억할 만한 사건은 무엇인가?' JTBC가 최순실의 태블릿PC를 보도한 2016년 10월 24일인가, 박근혜 탄핵소추안이 발의된 12월 6일인가, 그도 아니면 2016년 11월 12일 광화문에 모인 100만 촛불을 촛불혁명의 상징이라 말할 것인가.

촛불 정부의 청와대 본관에는 광화문 100만 촛불을 그린 그림이 걸려 있다. 아마 광화문 100만 촛불이 촛불혁명에서 가장 극적인 순간이라 생각했기 때문이리라. 국회의원들은 국회에서 박근혜 탄핵소추안이 발의된 순간이라 대답할 수 있을 것이다. 박근혜 정권 퇴진 비상국민행동(퇴진행동)에서 발행한 《촛불의 기록》은 2016년 10월 29일을 1차 촛불로 기록하고 있다. 국가정보기관이 대통령 선거에 개입한 부정선거와 세월호 참사, 민중총궐기와 백남기 농민을 앞장에 다루고 있지만 불과 8페이지 남짓이고 본류는 최순실의 국정농단을 촛불혁명의 시작으로 보고 있다.

《촛불 민중혁명사》를 쓴 나는 이런 것은 촛불혁명에서 가장 극적인 순간이 아니라고 단언한다. 물론 퇴진행동이 만든 《촛불의 기록》이나, 청와대 관점을 비판하는 것은 아니다. 그러나 역사 기술, 특히 혁명사 기술에는 다양한 시대 구분과 관점이 존재하고 또 존재해야 한다. 필자는 촛불혁명에 대한 이런 역사 기술과 견해를 달리하는 것이다. 프랑스혁명을 합리적인 의회주의자 입장에서 본다면 1789년 6월 17일 제3신분 대표들이 국민의회를 선포한 순간을 혁명의 상징이라고 볼 수 있다. 하지만 많은 프랑스 시민은 바스티유 감옥을 함락한 날을 혁명의 상징이라 했고, 기념일로 삼았다.

나는 2016년 9월 25일 서울대병원에서 영안실로 향하는 백남기 시신을 사수하기 위해 백남기 사수대가 꾸려진 순간이 촛불혁명의 가장 극적인 순간이라 단언한다. 백남기 농민이 물대포를 맞고 355일 만에 숨지자 심약한 담당 의사는 사망진단서에 '병사'라 기록했고, 오만한 경찰은 백남기 농민

사인을 조작하기 위해 시신을 탈취하려 했다.

　서울대병원 담장에서 진입하는 경찰을 남성이 몸으로 막고, 여성 위주의 마지막 사수대가 앰뷸런스 정면에서 엄호한다. 마스크를 쓰고 단호한 표정으로 '진실'을 사수하려는 그 비감한 표정은 촛불혁명에서 가장 상징적인 모습이다. 나는 이 사진을 볼 때마다 프랑스혁명의 '민중을 이끄는 자유의 여신'의 장면을 떠올린다. 프랑스혁명의 한 과정인 7월혁명에서 소총과 삼색기를 들고 시위대 앞에 선 여인을 그린 들라크루아의 작품이다. 나는 루브르 박물관에서 본 들라크루아 작품보다 백남기 사수대의 모습이 훨씬 더 엄숙하고, 또 강렬하다. 이 추모집에 글을 쓴 사람 상당수가 바로 그 사수대 순간을 기록하고 있는 것도 그런 이유 때문이리라.

　백남기 죽음의 진실을 지켜낸 백남기 사수대의 노력으로, 병사라는 거짓 사망진단서를 고발하는 인의협 의사 세 분의 용기 있는 성명으로, 서울대 의대생 102명이 〈선배님들께 의사의 길을 묻습니다〉라는 대자보로 사그라지던 민심은 극적으로 반전됐다. 꺼져가던 진실의 불꽃은 다시 활활 타올랐다. 그리고 민심은 "내가 백남기다"라는 한마디로 정리됐다. 그리고 100만 촛불로 이어지고, 탄핵이라는 수순을 밟았다.

　1789년 7월 14일 프랑스 바스티유 사령관 로데 후작을 죽인 사람은 전직 요리사이고, 머리를 베어 창끝에 매달고 행진한 사람은 제화공이었다. 그들은 파리의 민중이었다. 2015년 11월 14일 백남기 농민이 경찰의 물대포를 맞고 쓰러진 그날은 '2015년 전국노동자대회'가 열린 날이었다. 이 집회는 대한민국 노동자, 농민, 교사, 빈민, 평화통일 운동 세력이 주도했고, 그들은 대한민국 민중이었다.

혹자는, 심지어 진보진영 일부에서 촛불혁명을 노동자·농민·빈민 등 소위 민중이 주도했다는 것은 극우세력의 '좌파 프레임'에 빌미를 줄 수 있다고 우려하는 사람도 있다. 이는 오랜 종북몰이로 인한 나약한 피해의식의 발로이다. 왜 자신이 했노라 당당하게 말할 수 없는가.

우리는 프랑스혁명을 배우면서 바스티유 '함락' 혹은 '기습'이라는 표현에 익숙했을 것이다. 그러나 프랑스 국민, 당사자들은 당당하게 바스티유 '정복'이라 표현한다. 기습이나 함락이라는 표현은 구체제, 대상 관점의 용어로 반민중적, 봉건적 표현이다. 이에 비해 정복이라는 의미는 파리 민중의 주체성을 강조하는 의미다. 촛불혁명도 '우리가 주도했다'고 당당하게 나서야 한다. 그래서 촛불 민중혁명이다.

촛불 민중혁명의 가장 극적인 순간이 2016년 9월 25일 백남기 사수대라면 촛불 민중혁명의 기원을 어디로 봐야 할까.

언론의 최순실 태블릿PC의 보도로 봐야 할까. 촛불 민중혁명의 결정적 원인이 최순실의 국정농단 탓인가. 나는 촛불민중혁명의 결정적 원인을 최순실의 국정농단으로 기억하는 것은 프랑스혁명에서 새로운 계급의 등장이라는 사회과학적 분석과 수탈당하는 민중의 고통을 외면한 채 '빵이 없으면 케이크를 먹지'라던 철없는 마리 앙투아네트만 기억하는 꼴이라 단언한다. 그것은 러시아혁명에서 군인과 농민 등 참혹한 민중의 고통을 간과하고 괴승 라스푸틴의 만용만 기억하는 것이다. 이 얼마나 사회변혁, 아니 사회과학적 분석이 빈약한 역사 기술인가. 세계 10위 경제력과 문화 능력을 갖춘 대한민국의 민중의식과 역량이 18세기 프랑스, 19세기 러시아 민중 수준이라는 말인가.

촛불 민중혁명을 민중혁명이라 말하지 않는 사람은 '먹물들'의 알량한 자존심 때문일 것이다. 그 먹물들은 노동자와 농민, 빈민과 같은 무지렁이가 '세상을 뒤집었다'는 것을 인정하고 싶지 않을 것이다. 아니면 촛불혁명 전개 과정에서 드러난 그 먹물들의 기회주의적 위선을 감추고 싶었기 때문일 것이다.

박근혜 정권에서 먹물들은 뭘 했는가. 한자리 얻고 두툼한 용역비에 취해 역사 왜곡에 앞장선 강단 사학자들, 부정

입학과 학점을 남발한 유명 여대 총장과 교수들, 물대포에 맞아 숨진 사람을 끝까지 병사라 우긴 서울대병원 의사들, 청와대 눈치를 보며 조직 이권과 거래했던 법관들, 부당한 공권력을 피해 온 사람을 내쫓은 종교인들, 세월호를 능멸하고 민중총궐기를 폭력시위로 매도한 기레기들, '나는 종북 단체 아니다'며 연대의 손을 거부했던 시민단체들, 마지막까지 박근혜와 거래하려 했던 야당 정치인들이다. 그러나 중국 작가 루쉰이 "먹으로 쓴 거짓은 피로 쓴 진실을 가릴 수 없다"고 말했듯이 먹물의 위선은 곧 천박함이 드러나게 돼 있다.

촛불 민중혁명사는 지금까지 기억과 추도를 넘어 과학적으로 논의돼야 한다. 그것은 친일·독재 미화 국정 역사교과서 제작의 몰沒역사성, 심각한 청년 실업과 쉬운 해고에 내몰린 노동자의 열악한 삶에 대한 과학적 통계 분석, 신자유주의 정책에 매몰된 농산물 수입량과 농민의 소득 수준 하락에 대한 실증 보고서, 한계로 치닫는 도시빈민의 소득과 생활 수준, 정당 해산이란 세계 초유의 만행에 대한 정치학적 평가, 선생님과 변호사에 대한 종북몰이 실태와 무책임한 언론 보도 대책, 예술인 블랙리스트를 만들어 편 가르기를 한 예술계 구조적 문제 해결책 등등.

이는 학자들의 몫이다. 먹물들이 박근혜 정권의 잘못에 대해 속죄하는 길은 백남기의 죽음을, 촛불 민중혁명을 사회과학적으로 규명하고 보완하는 일이다. 그것이 먹으로 쓴 거짓을 교정하는 일이고, '촛불 민중혁명'임을 바르게 이름 붙이는 정명의 길이다. 그것이 백남기 농민의 진정한 죽음을 기리고, 촛불 민중혁명으로 승화하는 길이다. 먹물들이 안 한다면 우리 스스로라도 해야 한다.

추모시

그대여, 나여*

송만철 | 시인

주저하고 망설일 무엇이 있으랴
무엇을 주춤거리고 따지고 계산할 일 있으랴

우리네 살림이 파탄 지경으로 내몰렸는데
우리네 앞날이 국가 권력이 막아선 차벽이고 철벽인데
우리네 삶이 탐욕의 자본으로만 옭아매져 가는데

무엇을 더 내다보랴
무엇을 더 기다리랴

생존마저 손아귀에 쥐락펴락하려는 자 누구더냐

---

* 이 시는 백남기 형이 쓰러진 뒤 장례식이 치러질 때까지 보성역 앞에 집회장
 이 세워졌는데 그때 쓰인 대로 읊었던 시 중 한 편입니다.

시푸른 생명 길을 막아선 것이
물대포인들 탐욕스런 자본의 족속들인들
폭력적인 국가인들

무엇이 두려우랴
무엇에 겁먹으랴

가다가다 죽음이 닥쳐도 뚜벅뚜벅 나아가야지
나아가 맞서서 뒤엎어야지

여기나 저기나 뼈저리게 새기어서 나아가자
어느 것 하나 저버릴 수 없어 거침없이 나아가자

폭락된 쌀값이 가네
거덜 난 집들의 눈물 난 가난들이 가네
치욕의 역사가, 짓밟힌 이 땅의 설움들이 가네
노동자로 크게 다친 자식에 늘 울먹이는 마을 아짐 눈빛도
자식이 일용직으로 전전하다 생활이 위태한 아제의 근심 걱정도
건너 마을로 시집온 이주여성의 슬픈 눈빛도 가네
시장 구석구석 넘쳐나는 수입 농산물에 환장할 분노도 가네

218

농어촌 살리기 광풍으로 자연 파괴적인 고통스런 절규도
고속화로 산이 잘리고 강이 메꿔지는 참담한 절망도 가네

웅치야 새들아 짐승들아 대바람아 산들아
뚜벅뚜벅 항꾸네나 가네

권력 꿰어찬 이놈이나 그년이나
군홧발 아래 줄을 세워 치마 속으로 들라 하는데

귀 막고 눈 감고 살란 말이냐

신문도 방송도 잘 길들여진 개처럼 권력의 개나발로만
컹컹대는데
사는 것이 절박한 사람들은 입 닥치고 살란 말이냐

그래 니들이나 닥쳐라 꺼져라

거침없이 뚜벅뚜벅 나아가 적의 숨통 줄을 덥석 거머쥐네
우리의 숨줄을 끊으려는 자들 넘겨버리자 엎어버리자

밀씨

온몸을 던져 갈아엎자

거짓과 온갖 술수뿐인 국가를
탐욕스런 자본을
체제화된 허상의 권력 나부랭이들을

밝으나 밝은 맑으나 맑은 세상이여 오라
생명이 생명으로 누릴 수 있는 곳이 어디더냐

그곳이 멀지 않은데
어서 가자 어서 가자

뚜벅뚜벅, 그대여 나여

한 알의 밀씨에 굽이치는 산과 들이 들어앉았네

한 알의 밀씨에 철철의 온몸이 살아 꿈틀거리네

엄니 엄니
이 땅을 먹여 살릴 자식들을 덥썩 품어 안네

한 알의 밀씨가 뚜벅뚜벅, 백남기 님이여 역사여

추모사

희생은 한 줄기 빛이 되어

양옥희 | 전국여성농민회총연합 회장

이 땅에 사는 민중 중 백남기 농민에게 빚을 지지 않은 사람이 없습니다. 백남기 농민이 만들어낸 불꽃이 어둡던 세상에 빛을 비추었습니다. 많은 사람이 백남기 농민의 곁을 지켰고, 백남기 농민의 뜻을 이어받아 거리로 나섰습니다. 백남기 농민의 죽음으로 시작된 민중의 물결이 거리를 가득 메웠고, 마침내 그를 쓰러뜨린 정권을 끌어내렸습니다. 그의 죽음으로 우리는 새로운 국면을 맞이하게 된 것입니다.

여기 백남기 농민을 추모하기 위한 글들이 모였습니다. 그의 죽음이 우리에게 남긴 것을 몇 자의 글 안에 담기가 쉽지 않았을 텐데, 많은 분이 애써주셨습니다. 마음 담긴 글들을 읽으니, 백남기 농민의 생전 모습이 그려지는 것 같아서 반가운 마음이 들기도 하고, 그의 부재가 실감이 나서 가슴이 저려오기도 합니다. 이런 분이었기에, 우리 모두의 삶을 이끌고 두려움 없이 거리에 서지 않았을까 짐작해봅니다. 백남기 농민의 삶의 조각이 담긴 글에서 써주신 분들의 애정이 보입니다. 소중한 추억을 나누어주셔서 감사합니다.

그러나 다시 어둠이 찾아오려 합니다. 백남기 농민이 쓰러지던 그 차가운 날이 떠올라서 마음이 어두워집니다. 노동자, 농민, 빈민들 모두 이대로는 살 수 없다고 외치고 있습니다. 그해처럼 자신의 삶을 지키기 위해 민중들이 거리로 나설 준비를 하고 있습니다. 그래서 어느 때보다 더욱더, 백남기 농민의 희생을 떠올리게 되었습니다. 이 자리를 빌려 그가 쓰러지던 종로의 거리를 기억 속에서 되살리고, 그를 지키며 농성장에서 지새운 밤과 장례식장에서 그의 죽음에 분노하던 사람들의 얼굴을 떠올려봅니다. 우리가 같이 만들고자 했던 세상이 무엇이었는지 기억하려 합니다. 백남기 농민의 죽음 앞에서 우리가 했던 약속을 다시 외쳐보려고 합니다. 그렇게 해야 할 때라고 생각합니다. 백남기 농민을 우리 가슴에 불러오는 이 책이 참 소중합니다. 부디 마음으로 읽어주시길 바랍니다.

농민값 보장을 향한 외침

박흥식 | 전국농민회총연맹 의장

안녕하십니까, 전국농민회총연맹 의장 박흥식입니다.

흔히들 쌀값은 농민값이라고 합니다. 그도 그럴 것이 전체 농가 소득의 60퍼센트가량을 쌀 소득이 차지하고 있기 때문입니다. 그러나 2015년 대한민국 정부가 쌀 전면 개방을 선언하며, 쌀값은 20년 전 가격으로 폭락했습니다. 쌀값뿐이겠습니까. 당시 박근혜 정부는 국민들의 입과 귀를 틀어막고 있었습니다. 쌓일 대로 쌓인 민중들의 분노는 민중총궐기로 표출되었고, 농민들은 쌀값 폭락 등 정권의 반농민적 농정에 항의했습니다.

저는 전남 해남 등지에서 새벽 5시부터 출발해 추운 겨울 서울대로 한복판에서 물대포를 맞으면서도, 국가로부터 이런 대우를 받는 농민들의 한을 목 놓아 외쳤습니다.

"농민 한 분이 물대포에 맞아 쓰러졌고 서울대병원으로 이송되었는데 아무리 봐도 사망하실 것 같아……"

그러나 돌아온 것은 백남기 농민의 희생을 알리는 청천벽력 같은 소식이었습니다. 어쩌면 전체 농민의 분노를 가슴에 담아 목 놓아 외쳐보고 싶었을 한마디를 채 뱉기도 전에 물대포에 황망히 쓰러져버린 보성 농민, 형님, 어르신 백남기. 그가 미처 뱉지 못한 말은 "쌀값 보장"이었을 것입니다. 그리고 "농민값 보장"이었을 것입니다.

그가 뱉으려 했던 말은 코로나19와 기후위기라는 전 인류적 과제 앞에서 너무나 상식적이고 정당한 발언이었습니다. 식량인 쌀을 지키기 위해 국가가 역할을 해야 한다는 것과 쌀농사를 짓는 농민이 사라지면 국가 자체가 존재할 수 없다는 사실을 분명하게 보여주고 있기 때문입니다.

보성에서 밀 농사 짓던 농사꾼 백남기. 그가 산화하며 뱉지 못한 말에 스민 농사꾼의 가치를 이 추모집을 통해 확인할 수 있기를 소망합니다.

그가 꿈꾸었던 세상은

윤택근 | 전국민주노동조합총연맹 수석부위원장

백남기 농민의 뜻을 받들기 위해 추모집을 발행한다는 뜻깊은 소식에 경의를 표합니다.

백남기 농민이 박근혜 정권의 무도한 국가폭력에 쓰러진 후, 우리의 간절한 염원에도 불구하고 다시 눈을 뜨지 못한 채 우리 곁을 떠난 지 5년입니다.

그동안 백남기 농민의 뜻을 받들어 새로운 세상, 적폐 청산, 사회 개혁을 위해 노력해왔지만 어느 것 하나 유의미한 결실을 보지 못했습니다. 백남기 농민이 간절히 원하던 세상은 우리의 부족한 노력 탓인지 요원하기만 합니다.

백남기 농민이 국가폭력에 온몸으로 맞서 싸웠던 그날 이후, 우리는 촛불을 들고 새로운 세상을 향한 문턱을 넘었습니다. 아니, 넘었다고 생각했습니다. 촛불 정부라 자임한 문재인 정권은 어느 것 하나 새로운 세상을 만들어내지 못하고 있습니다.

불평등의 세상은 더욱 공고화되고, 부모를 잘 만난 금수

저만이 다시 금수저가 되고, 흙수저들은 영원히 흙수저로 살아야 하는 세상입니다. 자산의 불평등으로 월급을 수십 년간 모아도 아파트 한 채 사기가 힘든 세상이 되었습니다. 고용의 불평등으로 비정규직은 벗을 수 없는 굴레가 되었습니다. 기회의 불평등으로 돈이 없는 집 자식은 입시와 취업 시장에서 소외되었습니다. 사회 불평등을 바꾸자고 외쳤던 민주노총 위원장은 감옥에 가뒀고, 삼성 재벌 이재용은 풀어주었습니다.

이러한 불합리를 바꾸기 위한 노력이 바로 백남기 농민의 뜻을 이어가는 것으로 생각합니다. 백남기 농민이 떠난 지 5년, 다시금 대통령 선거가 돌아오고 있습니다.

민주노총은 110만 총파업으로 불평등의 시대를 바꾸고, 사회 대개혁을 위한 대장정에 나섭니다. 1월 민중총궐기, 2022년 대선까지 거침없이 나아가겠습니다.

백남기 농민이 염원했던 세상을 향해 더욱더 당차게 나아가겠습니다.

다시 한번 추모집 발행을 축하드립니다.

생명의 일꾼 백남기로 기억되길

정한길 | 가톨릭농민회 회장

매년 11월이면 농민들은 어김없이 가을걷이하고 서울로 상경한다. '아스팔트 농사'라고도 불리는 집회를 통해 국민들에게 농업 현실을 알리고 정부에 농정개혁을 요구하기 위해서다.

우리 농업 현실을 보면 곡물자급률 21퍼센트, 농업예산 3퍼센트 붕괴, 지방 소멸의 위기, 농지 문제, 재해 대책의 부족, 농촌 인력 부족 문제, 농산물 가격 지지, 공공농업 실현 등 문제가 한둘이 아니다. 그런데도 정부는 농업, 농촌, 농민 무엇 하나 챙기지 않고 있으니 더 간과해서는 안 될 문제다.

2015년 11월 14일, 쌀 생산비 보장을 요구하는 집회에 참여했다가 국가 공권력에 의해 물대포를 맞고 쓰러진 백남기 농민을 기억한다. 병상에서 317일 동안 고통 중에 있을 때, 1,700만 국민이 그의 쾌유를 빌었고, 가톨릭 사제들은 병원 앞에서 하루도 빠짐없이 미사를 드렸다. 그 모든 과정에 130여 개 시민단체가 함께했다.

백남기 농민이 작고하자 검찰은 부검하겠다며 경찰 병력을 동원했고, 양심 없는 의사는 병사라고 사망진단서를 조작했다. 백남기 농민의 희생이 시발점이 되어 깨어 있는 시민들이 촛불을 들었고, 그 촛불은 횃불이 되어 정의롭지 못한 정권을 끌어내리는 데 큰 역할을 했다.

내가 아는 백남기 임마누엘 회장님은, 사라져가는 우리밀을 지키고 살리기 위해 한평생을 실천한 분이었다. 삶의 마지막, 집회에 참여하기 전까지 그는 밀을 파종했다. 생명의 일꾼인 백남기 농민이 지은 자녀들의 이름에서(백도라지, 백두산, 백민주화) 그가 바랐던 세상이 무엇이었는지 알 수 있다.

세상 사람들에게는 그분이 국가폭력으로 희생된 사람으로 알려졌지만, 그 비극만이 백남기 농민의 전부는 아니다. 그는 대학 시절 민주화를 위해 힘썼고, 식량 주권 회복을 위해 몸소 실천했다. 우리가 그 정신을 이어받아야 할 것이다. 그분의 희생이 헛되지 않기 위하여 우리가 할 일이 무엇일지 다시 한번 고민하고 행동하여 좋은 세상을 만들어야 할 것이다.

농민의 마음도 천심

김희중 히지노 대주교 | 천주교 광주대교구장

백남기 임마누엘의 희생은 어느 날 갑자기 일어난 비극이 아닙니다. 이제까지 수많은 노동자와 농민들의 외침을 외면한 결과 벌어지게 된 안타까운 희생입니다. 민심은 천심이라고 하지만, 동시에 농민들의 삶, 농심도 천심이라고 생각합니다.

가난한 사람들의 울부짖음을 듣고, 그분들을 위해 우리가 힘을 모을 때입니다. 지금도 우리의 생명을 살리는 먹거리를 생산 중인 농민들은 자신이 흘린 땀방울만큼의 정당한 대가를 받을 수 있기를 원합니다. 그 요구는 시혜가 아닌 정당한 권리겠지요.

식량이 부족할 때 컴퓨터 칩을 삶아서 영양을 보충할 수는 없지 않겠습니까? 정부는 최첨단산업 못지않게 우리 농업을 지키는 농민들이 모두의 은인으로 대접받고 살 수 있도록 획기적인 재정적 지원과 제도적인 보완을 해나가야 할 것입니다. 그것이 백남기 임마누엘의 죽음에 대해 속죄하는 길이라 생각합니다.

　고인께서 자식들의 이름을 남북의 평화, 민주화, 그리고 한민족의 번영을 위하여 백두산, 백민주화, 백도라지라고 지은 것으로 압니다. 우리 모두 남북의 화해와 평화를 위해, 우리나라의 민주화를 위해, 그리고 우리 농촌을 살리는 생명산업의 주역인 농민들이 대접받을 수 있는 세상을 위해 모두가 힘을 모을 때, 비록 백남기 형제의 육체는 우리 곁을 떠났지만 그분의 정신은 우리 가운데에 살아 있을 것입니다.

　이 추모집을 통해 사랑하는 이를 먼저 보낸 박경숙 율리아나 여사님, 그리고 이제는 더 이상 다정하게 '아가'라고 부르시는 음성을 들을 수 없고, '아버지'라고 부를 수 없어 이 순간 누구보다도 슬퍼하는 자녀들인 백도라지 모니카, 백두산 하상 바오로, 그리고 백민주화 유스티나의 삶이 조금이나마 위로받기를 기원합니다.

　그리고 이 추모집을 통해 더욱 많은 분이 백남기 농민을 기억하는 기념사업에 함께해주시면 좋겠습니다.

우 리 밀 밭 에 서

작사/작곡 : 김정희

〈우리밀 밭에서〉악보. 김정희 작사·작곡

2018년 보성 우리밀축제에서 중앙대민주동문회 가족 등이 밀밭연주단을 꾸리며
첫선을 보였다. 이후 2019년 망월동에서 열린 3주기 추모식 때 평생 우리밀을 지키고
살린 백남기 농민을 추모하며 시연을 한 백남기 농민 추모곡이다.

생명평화일꾼 백남기 농민 생애

- 백남기 농민은 1947년 전남 보성군 웅치면 부춘마을에서 무녀 독남으로 태어났습니다.
- 광주서중학교와 광주고등학교를 졸업하고 1968년 중앙대학교 행정학과에 입학했습니다.
- 중앙대학교 재학 시 유신 철폐 등 민주화운동을 하다가 박정희 정권하에서 두 번 제적을 당했고 시국사범으로 쫓겨 다니며 6년의 긴 수배 생활을 해야 했습니다.
- 수배 기간 동안 수녀원과 농장에서 일했으며 가르멜수도원에서 수도사로 생활하기도 했습니다.
- 1980년 '서울의 봄' 때 복학해 총학생회 부회장을 맡아 학생운동을 이끌다가 전두환의 5·17쿠데타로 비상계엄이 확대되면서 계엄군에 체포되었습니다.
- 중앙대학교에서 세 번째 제적을 당했고 계엄포고령 위반으로 징역을 살았습니다.
- 이후 귀향하여 박경숙 님과 결혼하여 도라지, 두산, 민주

화 등 3남매를 두었으며 농사를 평생의 생업으로 삼으며 농민운동과 우리밀살리기운동을 전개했습니다.

- 가톨릭농민회 전남연합회 회장과 전국 부회장을 역임했으며 우리밀살리기운동 창립 멤버로서 광주전남본부 공동의장과 자문위원을 역임했습니다. 가톨릭농민회 동지회 회장을 맡기도 했습니다.

- 2015년 11월 14일 전국민중총궐기에 참여해 광화문 부근에서 박근혜 정부 폭력경찰의 직사 물대포를 맞고 뇌출혈로 쓰러져 서울대병원에서 4시간의 수술을 받았으나 의식을 회복하지 못했습니다.

- 317일 동안 사경을 헤매시다 2016년 9월 25일 기어이 우리 곁을 떠나고 말았습니다.

- 물대포에 의한 사인이 분명한데도 박근혜 정권은 강제부검을 하겠다고 시도했으며 죽음을 슬퍼할 겨를도 없이 잔인한 경찰로부터 주검을 지켜야 했습니다. 각 농민운동 단체와 자발적으로 나선 분노한 시민들이 장례식장 영안실을 지켜 강제부검을 막아냈습니다.

- 선종 후 41일 만인 2016년 11월 5일부터 6일까지 이틀에 걸쳐 광화문, 보성읍, 구 전남도청에서 장례식을 치렀으며 망월동 민족민주열사묘역에 영원히 잠들어 계십니다.

- 백남기 농민의 죽음은 1,700만 촛불의 불쏘시개가 되어 무지한 박근혜 권력을 주저앉힌 원동력이 되었습니다.

필자 소개

김경림 하나 수녀

틋찡 포교 베네딕도 수녀회 서울수녀원. 서울대병원 천막 농성장에서 진행된 백남기 농민의 쾌유를 비는 매일 미사에 거의 참석했다. 이후 보성 부춘마을에도 가끔 들러 가족과 함께한다.

김경일 신부

성공회 사제. 백남기 농민의 중앙대 8년 후배. 1980년 서울의 봄 당시 복학해 백남기 농민과 한 시절을 보냈다. 2019년 성공회 사제 은퇴.

김석영 요셉 수사

가르멜수도원 수사. 백남기 농민과 1977년 가르멜수도원에서 처음 만나 함께 수련한 수도자.

김선출

《광주매일》 사회부장. 우리밀살리기운동 광주전남본부 이사. 한국문화예술위원회 상임감사를 역임하고 지금은 전라남도 문화재단 대표이사로 근무하고 있다.

김수미

자기돌봄과통합연구소 소장. 서울의대 간호대 학생으로 1991년에 보성 부춘마을로 진료봉사활동을 가게 되어 백남기 농민을 만났다.

김정열

전국여성농민회총연합 전 사무총장. 경북 상주에서 농사짓고 있다.

박경득

2015년 당시 공공운수노조 의료연대 서울대병원분회 분회장. 현재 공공운수노조 의료연대 서울지부장으로 있다.

박석운

한국진보연대 상임대표. 전국민중행동(준) 공동대표.

배삼태

가톨릭농민회 전국회장 역임. 백남기 농민과 가톨릭농민회 활동을 함께했다. 우리밀 무안공장을 운영했으며, 현재는 무안에서 양봉과 우리밀, 콩 농사를 짓는다.

백민주화

백남기 농민의 둘째 딸. 네덜란드에 거주하고 있다.

백종덕

보성 출신으로 백남기 농민을 가톨릭농민회에 입회시킨 장본인. 가톨릭농민회 전남연합회 총무, 전국본부 홍보부장 역임. 지금은 고흥에서 농사를 짓고 있다.

안정배

중앙대학교 경제학과 73학번으로 1975년 6월 중앙대 3학년 재학 중 대통령 긴급조치 9호로 제적-구속-투옥됐다가, 1980년 3월 서울의 봄 때 고 백남기 농민과 함께 중앙대에 복학했다.

유영훈

가톨릭농민회 전국본부 사무국장, 팔당생명살림 회장. 지금은 우리밀살리기운동본부 이사장으로 활동하고 있다.

이명준

백남기 농민과 중앙대 동창. 백남기 농민이 명동성당에 피신하던 시절 가톨릭에 입교를 권유한 친구.

이보라

백남기 농민이 살아 계실 때는 가족들의 의학적 자문을 했고, 인도주의실천의사협회 의대생 프로그램으로 당시 서울대병원 앞 농성장에 방문했다. 돌아가신 후에는 사망진단서 문제와 부검 저지를 위해 노력했다.

이정일

동화 법무법인 대표 변호사. 한센인 인권변호인단 간사. 백남기 농민 변호인단 단장.

장휘국

광주광역시 교육감. 백남기 농민과 광주고등학교 동창.

정영화

전 언론인, 작가, 요가 명상 강사. 2015년 당시 백남기 농민이 쓰러진 이후 박근혜 정부의 무자비한 폭력과 비도덕에 분노하여 촛불 시민이 된 평범한 주부.

주제준

한국진보연대 정책위원장.

최강은

백남기 농민을 모시고 가톨릭농민회, 우리밀살리기운동을
했으며 가톨릭농민회 전남연합회 총무를 역임했다. 우리밀
살리기운동 광주전남본부장, (사)백남기농민기념사업회 상
임이사를 맡고 있다.

한 농민의 삶과 죽음

초판 1쇄 펴낸날 2021년 11월 29일
엮은이 (사)생명평화일꾼 백남기농민기념사업회
펴낸이 박재영
편집 이정신·임세현·한의영
디자인 조하늘
제작 제이오
펴낸곳 도서출판 오월의봄
주소 경기도 파주시 회동길 363-15 201호
등록 제406-2010-000111호
전화 070-7704-2131
팩스 0505-300-0518
이메일 maybook05@naver.com
트위터 @oohbom
블로그 blog.naver.com/maybook05
페이스북 facebook.com/maybook05
인스타그램 instagram.com/maybooks_05

ISBN 979-11-90422-98-7 03300

만든 사람들
책임편집 박재영
디자인 조하늘